西方雕塑大师

◎李小平　魏丹／著

那些事儿

中原出版传媒集团
大地传媒

河南美术出版社
·郑州·

图书在版编目（CIP）数据

西方雕塑大师那些事儿 / 李小平, 魏丹著. – 郑州:
河南美术出版社, 2014.12（2020.6）

（轻松读艺术 / 杨宏鹏, 郭善涛主编）

ISBN 978-7-5401-2940-8

Ⅰ.①西… Ⅱ.①李… ②魏… Ⅲ.①雕塑 – 艺术家
– 生平事迹 – 世界 – 通俗读物 Ⅳ.①K815.572

中国版本图书馆CIP数据核字（2014）第191995号

轻松读艺术

西方雕塑大师那些事儿

李小平　　魏丹 / 著

责任编辑：陈　宁
责任校对：吴高民
装帧设计：陈　宁　葛文璐
出版发行：河南美术出版社
　　　　　　地址：郑州市经五路66号
　　　　　　邮政编码：450002
　　　　　　电话：（0371）65727637
设计制作：河南金鼎美术设计制作有限公司
印　　刷：三河市同力彩印有限公司
开　　本：787毫米×1092毫米　16开
印　　张：10.75
字　　数：180千字
版　　次：2014年12月第1版
印　　次：2020年6月第5次印刷
书　　号：ISBN 978-7-5401-2940-8
定　　价：35.00元

目录

序言
每一件雕塑中都禁锢着一个鲜活的生命

东兔西乌，时光飞逝。感叹年华的远去，感叹时光的无情。在人类所创造的各类艺术样式中，唯有雕塑在与时光的对抗中竖立最久。

雕塑是造型艺术的一种，是为美化城市或用于纪念意义而雕刻塑造、具有一定寓意、象征或象形的观赏物或纪念物。这样的说法几乎是不近人情的，雕塑是由雕塑家创造出来的带有自我意识的生命体，每一件雕塑中都禁锢着一个灵魂。雕塑家们为它们构造筋骨、丰满血肉，它们以精神为生，精神不灭则永不消亡。

从遥远的古希腊到现代，在漫漫数千年的艺术长河中，我们可以看到无数闪烁着奇异光彩的、在历史上占有重要地位的艺术杰作——雕塑。英国思想家琼·罗斯金说过："伟大民族的自传记载于三本书上：勋业的陈述、理论的宣传和艺术作品。而唯有艺术作品才是最可信赖的。"因而雕塑被称为"永恒的艺术"，它能穿过历史，展示着民族的业绩和时代的精神。

一座座雕塑，就是一本本厚重的历史。光滑的大理石下承载了信仰、情感和思想等丰富的精神内涵。它们有的欢快轻巧，有的悲悯沉重。若我们有幸能去亲自欣赏这些经典之作，与之相对产生心灵上的交流，就能在坚硬的大理石之下看到它们蓬勃的生命力。

雕塑艺术从诞生起，就成为人类精神生活的重要组成部分，是所有艺术门类中时间最古、留存最久的，是历史文化信息最稳定的保存形式。作为文化整体的一部分，雕塑艺术受到种种因素的影响，而呈现出丰富的面貌。文化类型的不同，导致雕塑艺术产生差异。不同的时代造就出不同的文化精神。文化主导着雕塑艺术的方方面面，如石器时代的巫术与泛灵论、古希腊时代的理性与和谐、欧洲中世纪的宗教精神、文艺复兴时期的人文主义等。在同一时代中，又因雕塑家天赋、阅历、性格等不同，呈现出众多风格各异的杰作。

唐代诗人众多，而李白被称为天才，白居易是人才，李贺则是鬼才。天才的才情如同黄河之水奔腾而出；人才则是处处有章可循，从他的作品中可找出其思路的清晰脉络；鬼才却是出其不意，险中求胜。当然，雕塑家中也有天才和鬼才之分。如古希腊的菲迪亚斯与波利克里托斯是天才，意大利文艺复兴时期的多纳太罗与米开朗琪罗是鬼才，法国19世纪左右的吕德、罗丹等应该属于人才。即使同一作者的作品也会因生命不同阶段的不同遭遇而出现变化，如多纳太罗不同时期的作品就有明显的变化。在西方艺术史上，风格变化最多的当属罗丹，他的作品几乎囊括了同时代不同流派的风格演变，其精力之盛、变化之多令人惊叹。

雕塑往往蕴含了雕塑家的情绪和理念。雕塑家将自己的理想以及现实中的感慨寄托在作品中，并将自己的喜怒哀乐全部糅进了大理石里。观众在欣赏雕塑作品时往往能激起无限的遐想，既有对茫茫远古的想象，又有对现实生活的感悟。正如思想家爱默生所说："当雕塑开始令人费解时，它就达到了美的程度。"

众所周知，雕塑是艺术品，创意是雕塑的第一生命力。艺术贵在独特，贵在不同的感情、不同的形态，贵在所表现的精神。而这些大都源于生活，它的本质是雕塑家对生活的态度。传统的雕塑家并不只是手工匠人，他们往往在其他方面也有造诣，这些也是他们灵感的源泉。有的对数理精通，如米隆；有的对生物学颇有研究，如米开朗琪罗；有的骨子里有诗人的浪漫，如贝尼尼；有的是激情洋溢的革命家，如吕德。他们虽然各有不同，但相同的是他们都将雕塑艺术升华到更高的层面。所以罗丹就说："雕刻不需要独创，但一定要有生命。"因此，雕塑不仅承载着历史，也是理想的象征，是爱的表现，是美的真谛。

西方雕塑在进入20世纪以后有了很大变化，达达主义的杜尚把小便器作为艺术品展出，他这样的做法是对传统意义上的伦理、道德、美学提出的新挑战。达达主义的美学思想广泛影响了之后的现代艺术。受达达派影响的超现实主义注重对器官和潜意识中形体的表现，追求艺术产生的非理性与偶然性，其代表雕塑家有亨利·摩尔、考尔德等。二战后西方的现代雕塑表现出焦虑、恐惧、绝望、孤独的情绪，这类作品的突出特征是引起丑恶感和恐怖感，如贾科梅蒂。

其实优秀的雕塑，不论是具象的、抽象的或是意象的，不论传统的还是现代的，无一不是具有思想内涵和生命的，只是在雕塑语言上有所差别而已。许多抽象造型虽然脱离现实的形式，但是距离人的心灵本质更近了。

雕的过程就是删繁就简的过程，是减法，减得只留筋骨、灵魂；塑的过程就是添加的过程，是加法，加上原本属于作品的那部分。雕塑就是推敲，过程无论长短，终是以一泻而下，或是以天然去雕饰而呈现。雕塑中需要生命，需要生气，它必须给人一种无穷的联想、一定的热情与温暖，它应是内发的一种力量、一种动势、一种生命、一种气息、一种情感。

雕塑是有生命的，它们有内涵、有思想，是雕塑家的一种情感表达方式。雕塑家创造出这"生命"，让它们不再只是冰冷的石料，从而拥有了"温度"。

雕塑艺术既有时代与地域的整体特征，又呈现出各自不同的变化，通过本书我们可以了解西方人文、历史、科学、风俗及艺术家生平，进而帮助我们更好地解读这些雕塑家及其作品的丰富内涵。

菲迪亚斯（约公元前480—公元前430）
雕塑史上的第一座高峰

> 即使人们看不到雕像的背面，我也要一丝不苟地雕刻，因为上帝看得到。
>
> ——菲迪亚斯

在欧洲古典文化里，古希腊艺术堪称伟大，这时期的艺术核心就是雕塑。古希腊时期制作雕塑的目的是敬神，所以这个时期雕塑家创作的灵感多来自神话，或荷马史诗中记载的英雄人物。马克思做出如此评价："希腊神话不只是希腊艺术的武库，而且是它的土壤。"古希腊不仅带给我们浪漫的神话故事，它还是艺术的精神土壤，更是后人取之不尽用之不竭的灵感源泉。这一时期有位传奇般的雕塑家叫菲迪亚斯，他的艺术风格是姿态高贵而宁静，所塑造的人物表情温雅而肃穆。后人将他的雕塑风格称为"神明的静穆"。

古希腊雕塑发展史大致可分为三个阶段：古风时代、古典时代和希腊化时代。古风时代初期，希腊建筑文化悄然走向高潮，但是雕塑发展缓慢。单从艺术欣赏方面来看，这些雕塑的主要功用是为了装饰神庙。此时的雕塑作品呆板、粗糙、做作，可取之处并不多，后期的雕塑家们根本无法从中领会什么。有艺术家研究它们，也只是将它们作为研究古希腊艺术文化发展的材料。古希腊雕塑的发展始于古风后期，有代表特色的是青年男女雕像。它们有一个共同的特点——面带微笑，"古风式微笑"也由此而来。青年男像叫作库罗斯，一般为裸体且挺直站立，比例较为协调。其形象克服了以往呆板的模式，改为一只脚略微向前半步，但仍显得不自然。青年女像则被称为柯拉，外形有衣饰，线条流畅，体积浑圆，显得非常典雅。

古典时代雕塑较古风时代进步了许多。早期雕像分为静止站立和运动两种。在静止站立雕像中，较有特点的是奥林匹亚宙斯神庙里的阿波罗像和青铜侍者像。雕像采用一条腿支撑整个身体重量的方式，并通过对比例、尺寸的巧妙处理，达到完美平衡。

伴随着雕塑家菲迪亚斯的出现，古希腊雕塑艺术达到了巅峰，技法上也达到炉火纯青的地步。这时的作品人物表情宁静肃穆，姿态高贵典雅，就像奥林匹斯山神，仅仅从表情上是看不出人物感情的，而是通过肢体来表达的。雕塑家喜欢利用人的肢体语言揭示他们的内心，观赏者唯有用心品味，才能感受这种美。

关于菲迪亚斯的生平，现今可考的资料极为贫乏，只知道他是雅典人，公元前5世纪初出生，因其为雅典帕特农神庙创作了大量精美神像而闻名。公元前449年，希波战争最终以波斯帝国的失败而结束，自此以后，希腊的民族精神得到空前发扬，文化与经济进入了繁荣时期。公元前443年到公元前429年之间，雅典正处在伯利克里执政时代，这一时期雕塑与建筑也达到了空前繁荣。因经济的发达使得雅典财源充盈，各个城邦开始考虑如何修复被波斯军队破坏的神庙，修复帕特农神庙就是其中最重要的工程。这项工程始于公元前447年，历时9年才竣工，伯利克里任命其挚友菲迪亚斯主持建造该工程。神庙是用大理石建造而成的，其结构严格按照黄金分割律和几何原理等数学理念来设计，象征着男性美的多利亚柱式支撑着整个建筑，使其显得庄严肃穆。帕特农神庙是古希腊建筑中最完整的创造，是建筑史上辉煌的一页。可惜，现在这座神庙却只剩下残垣断壁。即便如此，她也还保持着一种超然出世的美，如月光般光洁照人。

可以说菲迪亚斯最大的成就是主持修建了雅典的帕特农神庙。其工作主要有两组三角形的山墙、排档间饰以及中格的雕刻，神庙内部的雅典娜神像也是菲迪亚斯所做。当人们参观帕特农神庙时，在祭战花冠、水瓶、箭筒、甲胄、银制的面具中间，高达11米的雅典娜静静地站着，肩上靠着长枪，盾牌放在身边，用右手托着一个黄金和象牙做的胜利之杯。她头戴金盔，身披黄金铠甲，

帕特农神庙

宝石嵌成的眼睛在神庙中炯炯发光，整个雕像给人一种战无不胜的威慑力。在当时希腊人的心目中，雅典娜是智慧、和平和威力的象征，是庇护他们战胜波斯人的救星。在希波战争胜利之后，为雅典娜建立庙宇和塑造神像的风气在各城邦十分盛行。菲迪亚斯在制作这件作品的时候，融入了自己的感情，也融进了希腊民族勇于反抗侵略的精神。

菲迪亚斯其实先后为雅典卫城创作了三座雅典娜神像。一座安置在帕特农神庙内部，另一座立在卫城广场上，第三座则被放置在卫城山门走廊附近的圆柱上。其中后两座雅典娜神像是卫城的主题性雕刻。尤其是第二座铜像，它高达9米，被称为"女战神雅典娜"。她头戴盔甲，面朝卫城山门，右手握长矛，左手持盾牌，英姿飒爽地伫立在通向帕特农神庙柱廊的广场上。这件作品构图明确、清晰，形体的垂感同建筑物相呼应。雅典娜头部向左肩倾斜，旁顾着帕特农神庙。菲迪亚斯之所以能很好地解决雕塑和建筑综合艺术体提出来的新问题，是因为他有着深厚的艺术造诣和广博的知识。在处理雕像的动势、比例上，甚至在安排雕塑的地点和顾及群众观赏面的角度上，菲迪亚斯均高人一

雅典娜

筹，而且他对建筑也颇有研究。有资料表明，菲迪亚斯在几何学和光学上同样是行家里手。雅典时期的一位作家曾描述过菲迪亚斯与另一位雕塑家竞争制作立在圆柱上的雅典娜设计的情况：由于菲迪亚斯明白在观众仰视时的透视原理，按照圆柱的高度设计了雕像，当人们看到他的雕像样稿时，觉得它丑陋不堪，气得用石头砸它的作者。可当作品安放到圆柱顶后，立即显得比例适宜，人们无不为之折服。菲迪亚斯最终赢过了竞争对手。

据记载，雅典娜所持的盾牌内外两面均有故事性构图。外面描绘的是希腊人与阿玛戎人的战斗场景，这场战斗就是在雅典城下发生的，古雅典王缇休斯取得了胜利。里面是宙斯、雅典娜等众神同巨人作战的场面。在神像的靴子上，刻有希腊人与阿玛戎人战斗的浮雕。虽然真品现已无迹可寻，但幸运的是这个盾牌缩小版罗马复制品保存至今，上边描绘的战争场面与历史文献的记载相符。雅典娜神像的盾牌之所以受人瞩目，除了其艺术价值外，还因它曾在这位雕刻大师平静的艺术生涯中掀起过风波。古希腊曾有记载："由菲迪亚斯著名的作品引起的嫉妒情绪，尤其在作者在盾牌上刻画了希腊人与阿玛戎人作战的场面之后更加激烈，并使作者受到伤害。在这个战斗的场面中，菲迪亚斯在双手举石的秃顶老人的形象上，描绘了他自己。在一位与阿玛戎人搏斗的战士形象上，他出色地塑造了伯里克利的肖像。伯里克利手中的矛恰好在自己的脸前面，艺术家似乎故意用这种处理方法掩盖描绘的形象与原型相似，因为从近处看相似性是太显而易见了。"

菲迪亚斯还有一件重要作品是在奥林匹亚的宙斯神像。神像高达14米，被称为世界七大奇迹之一。可惜今天，我们连复制品都无迹可寻。宙斯神像右边坐着两个女神，史学家称她们是谷物女神德墨忒耳以及她的女儿，右边披着斗篷的是众神信使彩虹女神伊里斯，而山墙中间部分宙斯、雅典娜等神像已经不存在了。罗马时代的教育大师兼修辞学泰斗昆体良亲眼看见了菲迪亚斯为奥林匹亚城创作宙斯神像时的情景。他曾这样评价菲迪亚斯："这一座雕像之美，甚至提高了这一宗教的声望……与宙斯神具有同样的庄严。"菲迪亚斯的这些作品创造了静穆、典雅的希腊人形象，自然成为古典雕刻的审美典范。这些作品体现了希腊艺术的精髓所在，既忠实于自然，又善于提炼自然、模仿自然，同时还善于在模仿中驰骋想象力。

帕特农神庙里，菲迪亚斯的著名装饰雕塑也同样吸引着人们。东西山墙的连绵装饰雕塑群都以雅典娜为中心展开，东山刻画的是雅典娜的出生，西山则描绘了波塞冬与雅典娜进行的一场比赛。

帕特农神庙东山墙的系列圆雕装饰群像，取材于古希腊神话中雅典娜女神从主神宙斯头里诞生的故事。日神赫利阿斯每日驾着四马金车在天空奔驶，而月神阿尔忒弥斯也乘着银马车在天空遨游。这二人分别象征白天与黑夜，所以，山墙左右两角的马头暗示了雅典娜诞生的特殊时间：白天与黑夜之间。在这组装饰雕像中，菲迪亚斯巧妙利用山墙的墙面为想象的天空，下楣为海平面，它们以各种姿态的人物和截断的马头体现上升与下降有节奏的运动，这些雕像所形成的三角形构图和神庙建筑部分自然地融为一体，成为圆雕与建筑相结合最早的光辉典范。

19世纪，埃尔金爵士把帕特农神庙上的装饰雕塑偷运至英国，后来成为英国博物馆的重要收藏"埃尔金大理石"。英国博物馆内不少精品都来自帕特农神庙的东山墙群雕。

由于波斯入侵，兵戈祸乱，帕特农神庙许多雕塑遭到严重毁坏。在残片中只有身体部分的《命运三女神》是保存较好的一组雕像。在希腊神话中，这三位女神是掌管人类生死和命运的女神，其中克洛托负责纺织生命之线，拉可西斯决定生命之线的长短，奥特波洛斯则负责切断生命之线。在这里，菲迪亚斯想要表现的是在雅典娜诞生之际，三位曼妙的女神正为她祝贺的场景。最左边的女神朝向山墙中心，另两位女神则是一个斜倚在另一个膝上，三位女神亲密偎依在一起，平静地等待黑夜过去。依据希腊人对女性美的理解和对完美人体的追求来看，菲迪亚斯所创作的这三位女神雕像一定拥有端庄秀美的头部，虽然因战争而失去头部未免令人遗憾，但三位女神互相偎依的姿态，和三位女神闲适舒畅的心情，很容易使人想到少女之间特有的亲昵神态。这样富于生命力的人体雕像，令人心生崇敬之情。

　　《命运三女神》这组雕像最妙的地方要算是衣纹了。我们可以看出三女神身上的长袍质地极其柔软，菲迪亚斯采用"湿衣褶"手法将长袍上的衣褶细腻地表现出来。菲迪亚斯将紧裹在衣袍里面的身体或隐或显，隐约露出丰满的躯体和圆润的乳房，让身体与衣袍的关系显得更加和谐自然且富有变化。纤细的衣褶依附着人体，女神的动作甚至情绪都可在衣纹中找出端倪。以斜躺的女神雕像为例，从裸露的脖子和肩膀开始，直到小腿，其丰盈体态与衣褶线条交织

命运三女神

狄奥尼索斯

而成的光影节奏，强化了雕塑的美感。这样巧妙的构图看得出雕塑家的苦心经营，令人不禁赞叹雕塑家的独具匠心。

　　帕特农神庙东山墙的圆雕群像中《狄奥尼索斯》是菲迪亚斯创作的另一个著名雕像。狄奥尼索斯是古希腊神话中的酒神，传说是他首创用葡萄酿酒，并将葡萄种植和蜂蜜采集的方法传播各地。希腊人在祭祀酒神时经常醉舞狂歌，人们在酩酊大醉中感受到短暂的欢愉，忘却人生的一些悲痛。《狄奥尼索斯》雕像也遭到了严重的毁坏，但依旧可以看出这是一个侧身而坐的青年男子的形象，高1.3米。山墙南面的太阳神金马车的马头，仿佛正从海水下腾起，马头的右边就是酒神狄奥尼索斯。他好像正沐浴在阳光之中，神态坦然而自信，正注视着初升的旭日——这个永恒壮观的自然景象，对周遭所发生的一切他浑然不觉。男子平静的表情与身后热闹场景形成对比，也由此将观众的目光引向这个群雕的事件中心——雅典娜诞生。他的出现极为恰当地填补了三角形装饰雕塑空白空间，与中心雕塑遥相呼应，更加突出雕塑的主题。

东西山形墙上，大面积的群雕是建筑设计者雄心勃勃的最有力证明。虽然在此之前早就出现了这种用浮雕来解决建筑细部空白的方式，但公元前5世纪，那个疯狂的时期，这种方式被最大化地模仿，成为成功的艺术典范。三角形的山形墙空间局限是雕塑创作的一大难题，但是从另一方面来说，三角形也可使雕塑主体更为突出，有利于发挥场景戏剧化的内在效应。显然，菲迪亚斯很懂得使用技巧引导观众来适应这种视觉逻辑，例如落马战士的场面或者有人物斜倚的姿势是非常适合表现三角形图案，这样就能很自然地补充狭窄角落的空白处，并综合利用人物的手势、衣褶、动态等来强调出一个视觉的重心。如2世纪古罗马地理学家、旅行家的帕萨尼亚斯所说："当你走进一个叫帕特农的神庙时，山上的一切雕塑都与雅典娜有关。"当然这一点儿也并不奇怪，修建整个帕特农神庙就是为了颂扬这位雅典城的保护神，主旨就是为了强调战争女神的英明，以及女神对这座城邦的忠贞。

菲迪亚斯以写实的手法，把"当代人"刻画在神话场景中的做法受到人们的注意。心怀不轨的人借此大做文章，想要趁机发难，有人还说他因贪污制作雅典娜神像的黄金与象牙而受到控诉。关于菲迪亚斯晚年的处境，史料文献的记载不一，但可以肯定的是晚年的他深遭不幸，在放逐、歧视和审讯中结束了生命。显然，这位伟大雕塑家的厄运有着深刻的社会背景。

18世纪以来艺术学界中一些人认为，这些帕特农神庙中的雕刻精品并非全部出自菲迪亚斯之手，但确信无疑的是它们的总设计师一定是菲迪亚斯。这里凝聚了这位雕塑大师毕生的智慧和才能。虽然公元前5世纪多数作品已经失去或毁坏，神庙殿内的装饰浮雕依然成为人们研究这位雕塑大师风格与语言的最可靠的资料。从这些历史遗韵中折射出的绚丽光彩足以证明，菲迪亚斯无愧于欧洲雕塑史上的第一座高峰。

米隆（约公元前492—公元前440）
永远的掷铁饼者

> 米隆是一位大胆进行艺术革新的雕塑家，他勇于探索和表现，对激烈动势中竞技者的人体均衡与静止的处理有独到之处，这充分表现在他的《掷铁饼者》中。

> ——佚名

在欧洲黑暗中世纪的数百年之间，文字被遗忘，记忆被荒废，希腊大陆上值得一提的文化与艺术几乎为零。到处是黑暗，时间仿佛停滞不前，死一般的沉寂。只剩下游走在村落间的游吟诗人，传唱着祖先的功绩，阿喀琉斯、俄底修斯、帕特洛克斯、阿伽门农这些英雄的名字就是以这样方式保留在民族的记忆里，如同是暗夜中的一抹烛光，是黎明来临前的一丝希望，一遍遍传唱让人永生不忘。米隆正是这个时期的崛起者，他赋予《掷铁饼者》勇敢、健康的精神永远鼓舞着人们。

中国典籍里的"否极泰来"这句话，在遥远的古希腊奇迹般得到了验证。黎明驱走长夜，光明取代黑暗。迈锡尼人、多利安人、爱琴海土著居民进行了一次史无前例的民族大融合，成为诞生在残垣瓦砾之上全新的希腊民族。这次希腊文化艺术的光芒是如此耀眼，以致使观察者忘记一个事实：其所谱写的壮丽诗篇——建筑、雕塑、陶器无一不是在黑暗时代的废墟之上产生的。如果不是体味过最贫乏的生活，如果不是经历过最深重的苦难，如果不是心怀着对伟大祖先的回忆与景仰，希腊人民断然不会产生这样大的动力，去缔造辉煌、去创造历史。

从希腊的文献中我们可得知，古典时期的前期有位杰出的雕塑家名叫米隆，约公元前492年出生，据考证米隆的艺术活动约在公元前472年至公元前

440年间。他是伊留特拉依人，而公元2世纪的古罗马地理学家、旅行家帕萨尼亚斯在自己的旅行记中把他当作雅典人，这只是了解到他长期在雅典工作的缘由。

米隆在20岁时到阿基列达斯门下学习，而他的艺术趋于成熟是在40岁左右。他的作品多以青铜为雕塑材料，擅长准确而巧妙地表现人物在运动状态中的正确姿态，从而制成形神具备的雕像。在对竞技者在激烈动势中人体均衡和静止的处理上，米隆有独到之处，这点充分表现在他的《掷铁饼者》中。对于动物类的雕塑米隆也是非常拿手，相传他为雅典城堡制作青铜壮牛雕像时，由于太过于逼真而招惹成群的野狼；他所雕刻的马，竟引起真马的嘶叫。米隆是位大胆革新的雕刻家，他赋予了雕像生动的表现力，对希腊雕塑艺术的发展起到巨大的推动作用。从他开始，希腊的雕塑艺术进入一个全新的时代，并一步步走向成熟。只可惜他大部分雕塑都是以铸铜为材质，使得作品后来多被销蚀或遗失，人们只能依据当时的文字记载或者是罗马的复制品来研究和欣赏。

《掷铁饼者》是希腊古典雕塑艺术阶段前期的杰出作品，约公元前450年创作。米隆精确地捕捉到运动员将要把铁饼掷出去的一刹那场景。雕像高125厘米，充分地体现了希腊雕塑中数与比例的韵律感，可惜这件名作在战乱中被毁。但是庆幸的是，古罗马时期有人模仿了该作品，所以该作品以复制品的形式被保存了下来。虽然复制品并不能完全表现出原作的神韵，但是我们依旧能够感受到了其中所蕴含的无限创新精神和米隆高超的雕塑技法。

米隆的《掷铁饼者》是古希腊时期早期表现男性运动形象的作品之一，塑造的是一名正在奥林匹克竞技赛场比赛掷铁饼的运动员。米隆设计将铁饼摆到雕像的最高点，运动员回头看着手中的铁饼，他左脚点地，全身的肌肉都紧张起来。米隆将运动员所有的力都集中在铁饼上，那强烈"引而不发"的动势给人一种独特的吸引力。这虽然是件静态雕塑，但雕塑家把握住了从一种状态转换到另一种状态的关键点，使观众在心理上获得一种"运动感"的效果，既符合掷铁饼运动的规律，又形成多样变化的动态美。

在《掷铁饼者》中我们可看出，米隆是一位大胆的艺术革新者。《掷铁

饼者》完美地解决了雕塑只有一
个支点的重心问题，他将运动员
强烈的动感和雕像的稳定感结合
得非常完美，成为运动类雕塑创
作的经典范例。作品将人的重心
落在右腿上，所以右腿成为整个
雕像自由屈伸与旋转的轴心，让
左脚尖点地以作支撑辅助，以头
为中心点将两臂伸展成上下对
称，同时又很好地维持了雕像的
稳定性。运动员张开的双臂像一
张拉满弦的弓，带动身体弯曲，
呈现出不稳定状态，而高举的铁
饼却把人体全部运动都统一起
来，又使人们体会到暂时的平
衡。这件充满了节奏感和运动感
的作品突破了雕塑艺术空间和时
间的局限性，被认为是"空间中
凝固的永恒"。

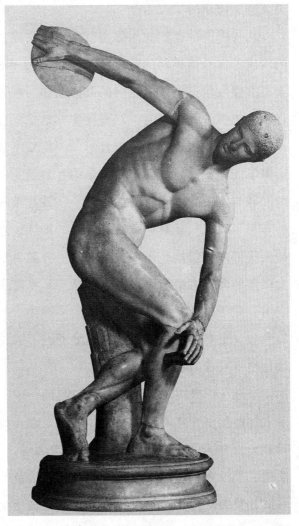

掷铁饼者

　　《掷铁饼者》在写实基础
上又加以美化，米隆生动表现了人物在投掷前用力一瞬间的形态美。这座雕塑
既符合科学的人体解剖比例，又拥有神一般的风姿。一般来说，从骨骼考古证
据中获得的人体一般形态同古希腊雕塑艺术中理想化的人体表现是不吻合的：
迈锡尼古风和古典时期的希腊原住民都是粗粗壮壮的，他们的下肢也相对较
短。这是因为希腊的裸体雕塑艺术形象要摆脱一种特殊而又具体东西的束缚，
例如时间、空间和衰老等，从而赋予雕塑一种超越常人的美。由此可见《掷铁
饼者》并没有体现出古希腊雕塑理想化的审美主题，而是按照科学比例并加以

美化创造出新的"人体美"。

从《掷铁饼者》的面部表情来看，它完全摆脱了埃及雕塑作品中人物神情的冷漠。古希腊早期的青年男子站立像大多继承了古埃及的风格，人物形态处于直立僵硬状态，没有过多的肢体动作。在古埃及，雕像必须用永恒的姿态表现法老的神圣，站立时，双脚要牢牢地伫立在地面上，双腿并列伸直，两臂放在身体两侧并做垂直状；坐着时，须将双手放在膝盖上，以表庄重。为了稳定形象不能显示其运动，把精力集中在最稳定的头部。然而希腊的雕塑家把雕像的四肢与躯干看得和头部一样重要，并且重视雕像的整体表现。他们认为头部的布局与线条只是其他布局与线条的延续，这也正是为什么古希腊雕塑有的在缺失头部之后仍具有生命力的原因。古风后期雕塑开始有了新的改变，青年男女雕像的面部表情始终带有浅浅微笑。米隆大胆突破传统雕像人物呆板的面部表情，赋予《掷铁饼者》沉着坚定的脸庞，表现出对胜利轻松自得、充满信心的形象。更巧妙的是，运动员镇静的面部表情同剧烈的动势形成强烈对比，戏剧性地将雕像的动态推向高潮。

米隆《掷铁饼者》摆脱了古风时期一成不变的程式，以其对称性风格，奠定人体雕塑多样化的造型基础。然而，在《掷铁饼者》中重复和对称的特点被米隆刻意放弃了。其左边用一条锯齿般的之字线，而右边采用曲线的延伸，曲线几乎没有中断；左边是开放型，右边是闭合型；左边有角，右边光滑。大弓线、单纯的主体结构以及四条偏向直角相交的直线，给整个雕像带来了均衡感。整体形态上，《掷铁饼者》巧妙实现了外在运动和内心静穆的和谐统一。如上所述，古风时期独立式人体雕塑多为直立像，以呆板为特征，缺乏动感，以此体现出对神的尊敬。而《掷铁饼者》则将运动和静止完美地结合在一起，充分发挥创造力，体现出米隆崇高的美学风尚和艺术理想。

在当下，这个永远等待下一个瞬间的运动员形象已经超越雕塑范畴，它成为奥林匹克体育精神的象征。古希腊文化对力与美的推崇和向往，成了全人类共同的财富、共通的语言。它让全人类凝聚在五环旗帜下，无论贫富、种族、肤色，为了更快、更强、更高的信仰而努力拼搏。

《掷铁饼者》能令人遐想回味的并不是现在，永远是下一个瞬间的爆发。这位在奥林匹克竞技赛场上的运动员，在运动的一瞬间充分体现出男性的健康美、健劲美、智慧美。雕塑家造型之准确，运动感与节奏感把握之贴切，使两千年来的观赏者无不赞叹。但其人物表情与激烈动作恰恰相反，似乎出乎观众意料的沉静平和，这正符合古希腊审美观对男人的要求：灵魂坚强、身体健壮、能控制自己的情感。所以《掷铁饼者》是人类崇高灵魂和完美体魄最高的象征，是人类精神与体魄不可逾越的高峰。

古希腊时期关于这一类的作品还有《海神波塞冬》。青铜雕像《海神波塞冬》约为公元前460年所创作。作品描绘的是海神正要将三叉戟向前猛掷的瞬间姿态，表现出古希腊人理想中的英雄气概。波塞冬手持的三叉戟是拥有多重功能的，他挥动三叉戟就能引起地震和海啸，愤怒时海底会出现怪物。人们对波塞冬极其崇拜，希望能在出海的时候得到其保护。海神的三叉戟并不只用来当武器，它被用来击碎岩石，从石缝中流出清澈的泉水浇灌大地，让农民得以丰收，所以他又被称为丰收神。波塞冬也给予了人类第一匹马，他乘坐的战车就是用金色战马所拉的。每当战车在大海上肆意奔驰时，波浪反而会变得平静，周围有温柔的海豚跟随。他神性广泛，却也有着极大的野心和强烈的侵略性，他时常想要谋取宙斯的宝座，但被宙斯发觉出他的不忠，罚他帮劳梅顿王修建特洛伊城。这座雕塑全身的肌肉因动势而紧绷，人物表情略显僵硬，缺乏戏剧性动感，但表现出波塞冬勇敢坚毅的性格，依旧是一件优秀的作品。

《掷铁饼者》和《海神波塞冬》都充分体现了希腊雕塑艺术中数的韵律感，也都是体育美的崇高体现。据说米隆本人就曾受到过良好的体育训练，力大无穷，能肩扛公牛，所以他对体育有着真切的感受，这也为他创作优秀的体育类雕塑作品提供了良好的生活体验。有许多人认为，体育和艺术并没有什么必然联系。可法国史学家兼批评家丹纳认为："古代希腊所有的雕塑艺术跟那个时代风向是分不开的，体育作为古代欧洲的文化风尚，对艺术的发展有根本性的奠基作用。"由于古希腊是城邦国家制度，这样的制度导致军事技术落后，人民为了保卫自己，并能够作为强者侵略他国、掠夺财富和奴隶，就必

海神波塞冬

须具备强健的体魄。所以，古希腊人对体育锻炼尤为重视。在气候温和的希腊，人民在从事体育运动或宗教性文艺活动时，常以裸体练身，赤裸全身成为古希腊人特有的风俗习惯。在这种主流风气影响下，社会普遍认为完美健康的人体才是真正的骄傲，并将肉体的健美看作神明的特性。

由于裸体锻炼以及古希腊普遍的竞技活动，使雕刻家有利于观察、表现和研究人体，所以雕塑家会特别注意表现男子裸体的力量和健美，以及女子的娇柔动态，这就形成了西方艺术中崇尚人体美的审美理念。在这样的环境之下促使古希腊的雕刻家创作出空前高超的人体雕像。古希腊的理念中所崇敬的人和神是同行同性的，神是完美的人的化身，因而在创造神的形象需要人间最完美的人体为模板。古希腊人是把神拉到凡间中来，从人性窥探神的本质，希腊人对神的崇拜，其实质上是对人的肯定，这也是希腊社会意识的独特之处。

多纳太罗（1386—1466）
文艺复兴的开路者

> 只有艺术家才会这样偏执与疯狂，才会让自身生活如此受世人评判，才会让生命如此有曲线。
>
> ——多纳太罗

　　漫长的中世纪，基督教占据欧洲的统治地位。这一时期艺术成了宣传宗教统治的工具，依附于宗教的艺术，主张禁欲和受难修行式的苦行生活，禁锢着人们的思想。在古典主义和人文主义的召唤下，文艺复兴变革的浪潮势不可挡。这股思想如同战车越过陡峭的山峰，翻过之后便会以摧枯拉朽之势奔突而下；又像是洪水穿过狭窄的山谷之后，奔腾呼啸、一泻千里。在这样的历史洪流之中，谁都没有想到一位貌不惊人的青年，正走在这股潮流之前，并成为文艺复兴初期的大师。他就是多纳太罗。

　　多纳太罗的本名叫多纳托·迪·尼科罗·迪·贝托·巴迪，他的家族以经营银行业著称，但他却出身于该家族最清贫的一脉，终身保持平民气质。关于多纳太罗学生时期的资料并没有特别让人信服的，有据可查的信息是从多纳太罗给雕塑家罗伦佐·吉尔贝蒂当助手时开始。1404年至1407年，多纳太罗从师于吉贝尔蒂，并协助吉贝尔蒂制作了洗礼堂的青铜门。由于吉贝尔蒂是一位严守哥特传统的老古板，这让更倾向于写实主义风格的多纳太罗不能忍受，他觉得自己的天性受到束缚，一直想要突破传统，从而开辟新的天地。

　　多纳太罗的第一块敲门砖是圣玛丽德菲尔教堂，他所做的只是教堂里的装饰工作。这座14世纪的建筑如同肥沃土地一样培育了多纳太罗和另一位雕塑天才南尼·迪·班科。与多纳太罗有关的另一个著名工程是奥圣米开勒教堂。在中世纪末期和文艺复兴初期，意大利的各种艺术委托项目大都来自于各式各样的商业行会。行会对艺术的大力推动也是文艺复兴时期雕塑创作繁荣的重要原因。1412年，佛罗伦萨军械匠行会向雕塑行会定制一批圣像，置于奥尔圣米克教堂外墙的壁龛上，其中以《四使徒》最为出名。班科负责其中三个壁龛，而多纳太罗只负责其中的两个壁龛：《圣马可》和《圣乔治》。其中《圣乔治》因高超的写实手法，成为多纳太罗的代表作品之一。事实证明，行会选择多纳太罗的决定是正确的。

《圣马可》是多纳太罗第一件成熟的雕塑作品，创作于1413年。他用这座大理石雕像的雄浑气魄以及厚重自然的衣褶，革新了仍在中世纪阴影之下的雕塑风格。1417年多纳太罗又创作了大名鼎鼎的《圣乔治》，他所创作的圣乔治形象已不是中世纪封建武士的样子，而是充满人文主义精神的新时代英雄。他昂首站立，双目凝视前方，颦眉敛唇，姿态端庄坚定，全身比例与真人无二。其头部表现最为出色，尤其对眼珠晶体部分的刻画能深刻地传达眼神的专注，这种方式在文艺复兴雕刻领域中也算是独创。

像《圣乔治》这类宗教题材作品对多纳太罗来说并不新鲜。一般情况下他都习惯性地将人物表现成一名身着骑士盔甲的英勇骑手，着重于表现人物外表的英明神武，并没有深入人物角色的内心世界，略显浮夸。然而这一次的圣像制作，多纳太罗想要来点创新，他并没有将圣乔治塑造为老成的将领，而是刻画成身披轻甲的灵动少年。少年手扶盾牌，两腿微张，一副自信满满的样子。少年的头部并没有戴头盔，这样正好让观者看到他那充满朝气英俊的脸。《圣乔治》这尊圣象几乎是肖像式的，雕塑表现出佛罗伦萨爱国少年的英雄形象，人物个性鲜明，让人耳目一新。这是一个崭新时代的圣乔治，不论是面对喷火的毒龙、进犯的敌人，还是面对迟迟不肯退出历史舞台的顽固宗教势力，他都没有退却，一如既往地前行着。

另外值得一提的是，多纳太罗的创造力在当时的雕塑领域独步天下，他进行了许多独特创造和新尝试，比如《圣乔治》基座上的浮雕可以算是西方艺术史上最早采用二维透视法的雕塑，甚至比绘画中的透视法出现的还要早，是艺术学术价值的一个重大突破。圣乔治既是勇猛的战士，又是英俊的青年，在法语的俚语中，更有"美如圣乔治"的称赞。然而如何把勇敢与优美结合在一起，实在是一个难题。多纳太罗将古典原则运用其中，将整个形象采用古典的均衡站姿，显得圣乔治庄严肃穆，而现实主义的表现手法又形象地表现出圣乔治凝重而又动人心魄的表情。相比之下吉贝尔蒂的《施洗约翰》虽然也加入了许多古典元素，但是衣服褶皱较为程式化，人物面目表情的细节刻画无法与多纳太罗的细腻相媲美。

《圣乔治》一经展出，就得到了许多赞誉，多纳太罗一夜之间成为佛罗伦萨人民最喜爱的雕塑家。出名后的多纳太罗并没有自满，而是依旧保持着朴素生活。他对金钱荣誉没有过多的欲望，只执着于雕塑创作。佛罗伦萨人们经常在街上看到多纳太罗穿着粗笨的木鞋和皮质的围裙在街上游走，木鞋敲得石板地咯咯作响。好友瓦萨在回忆录里写道："他是一个非常慷慨、温柔、和蔼可亲的人，并且对待朋

圣乔治

阿瓦库姆先知

友胜过自己。他从不看重金钱，他把它们放在篮子里，用小绳挂在天花板上，他的学生们都可以从那里取得想要的数目，而不必跟他说。"

在以后的20年间，多纳太罗为一座独立式钟楼制作了四个先知塑像，其中阿瓦库姆先知是他最得意的一件作品。他在佛罗伦萨找到一名叫作楚科奈的人做模特，这个模特是个光头，而楚科奈意为南瓜。更有意思的是，楚科奈的光头形象却是多纳太罗最为理想的先知模样，他甚至经常严肃地拿自己名字起誓来表明他对这个先知的喜爱。制作这尊雕像时，正是多纳太罗干劲最大的时候，他甚至达到走火入魔的地步。他有时还会对这尊雕像讲话："喂，你说话呀，你说，你真该死。"

1401年，佛罗伦萨的羊毛商人公会引发了一起佛罗伦萨洗礼堂铜门之争。公会要为洗礼堂建造第二扇铜门，要求参加竞标的艺术家使用安德烈亚·皮萨诺65年前做第一扇礼堂门时所采用的四叶饰格式来创作出一幅表现以撒祭献的浮雕。内容是上帝要求亚伯拉罕将儿子以撒作为祭品献给他，无可奈何的亚伯拉罕正准备刺向儿子的脖子时被天使阻止。这场"竞标"到最后只剩下两个人，分别是多纳太罗的师傅洛伦佐·吉贝尔蒂和布鲁贝尔蒂。"竞标"的结果最终是由吉贝尔蒂一举夺魁，从此之后布鲁贝尔蒂的才华一直被遮挡在吉尔贝蒂的光芒之下。其实从二人留下的样稿来看，二人的设计不相上下，

只是由于当时评选委员的选择标准
不同而已。这时多纳太罗还只是一
个孩子，他一边在吉尔贝蒂的作坊
里学习和打杂，一边向布鲁贝尔蒂
学习透视学的知识，并相互建立深
厚的友谊。

　　铜门之争结束后，布鲁贝尔
蒂一直郁郁不得志，随后又去罗马
学习古典建筑。这趟深造之行，多
纳太罗也与之相伴。学成归来后布
鲁贝尔蒂改变自己的发展方向成为
了一名优秀的建筑家和理论家，而
多纳太罗也在罗马开阔了眼界，回
到佛罗伦萨的他心中的激情难以掩
饰，他现在需要的只是一个展现自
我的机会。此时，美蒂奇家族委托
他制作传统题材的《大卫》雕像，
这正是他一展身手的好时机。

　　《大卫》的故事题材来源于
《圣经》，创作时间约为1432年，
现今收藏于佛罗伦萨国立美术馆。
据说在公元前10世纪，以色列希律
王在位时，菲力士人兴兵入侵，戈
利亚为菲力士军队的一名将领，身
形高大，手持巨戟，挥舞起来所向
披靡。双方对阵40天，以色列人不
敢出门迎战。某天，一名叫作大卫

大卫

的少年去看望在军中服役的兄长，听说戈利亚如此飞扬跋扈而国人却不敢正面迎击，觉得很伤自尊心。他强烈要求希律王让他出阵杀死戈利亚以雪以色列人的耻辱。不知是希律王无能，还是抱着死马当活马医的心态，他同意少年出战。少年出阵后，咆哮一声随即用甩石机击中戈利亚的头，被击中头部的巨人昏倒在地，少年机敏地拔出利剑割下戈利亚的头。

多纳太罗塑造的《大卫》表现的正是少年战胜巨人的光荣时刻。少年头上戴着毛毡，右手持着从敌人手里抢来的宝剑，左脚踩着戈利亚巨大的头颅，显得威风凛凛。《大卫》的身体形态几乎是古希腊风格的，神态自然而放松，身躯的比例也符合古典主义理想美，雕塑风格面貌似乎又回到了崇尚人体美的古罗马和古希腊时代。与传统的《大卫》雕塑不同的是，割下戈利亚头颅的少年并没有仰头喝彩，而是站在那里将目光落回自己的身上，英俊的脸颊被及肩的卷发所遮盖。他似乎在审视自己的力量，这种自我价值的肯定正是文艺复兴的精神所在。多纳太罗开创了文艺复兴时期一个引人注目的主题：注重人类自身价值的发现。他将少年的裸体设计得极其标致，个头同真人般大小，仿佛是个有血有肉的人。多纳太罗的《大卫》作为中世纪之后第一尊裸体的圆雕作品，它奠定了文艺复兴时期的人文主义传统地位，让这件作品更具有划时代的意义。中世纪的黑暗阴霾已经消散，人们要有向前看的动力，这就更需要对自我价值的肯定，多纳太罗就是用这样的方式鼓舞着人们。

1443年，多纳太罗移居帕都亚，在此居住了十年。他的到来为这个距离威尼斯不远的帕都亚城带来了新的艺术理念。帕都亚是人文主义思想的重要中心，1450年多纳太罗在此圣地高坛创造了一系列青铜雕像，其中最有名的是他为帕都亚的威尼斯军队首领伊拉斯谟·德·纳尔尼制作的骑马像。这位佣兵队长以狡猾和善用计谋而闻名，帕都亚人民给他起了个外号叫加塔梅拉塔，意思是狡猾的猫。加塔梅拉塔在保卫帕都亚城的战争中立下许多显著的战功，人们因受到保护而对他非常拥戴。帕都亚城为了对这位英勇的队长进行表彰，决定在圣安东尼广场为他建立一座纪念雕像。

多纳太罗创作的《加塔梅拉塔》是一名未戴头盔、整装待发的统帅，胯下的骏马强健有力，不慌不忙地向前迈进着。加塔梅拉塔穿着意大利式盔甲，并不俊美的面容上透露出军人的坚强意志和勇敢无畏的精神，固定静止的雕像却禁锢不住加塔梅拉塔激情澎湃的内心。经多纳太罗雕琢的统帅形象生动，让人印象深刻，他通过强大的现实主义来表现战争人物的形象。多纳太罗采用简练粗犷的雕塑手法，以整体效果为主，忽略了许多琐碎细节而使人物更加整体统一。这件作品也让多纳太罗步入历代最伟大的纪念碑雕塑家的行列。

加塔梅拉塔

现在《加塔梅拉塔》纪念碑仍放在原处，人们从任何一个角度看这座纪念碑都是和谐的。纪念碑耸立在教堂前广场对面的街道上，又与教堂保持着合适距离，从而成为教堂广场上的艺术中心。这座纪念碑是多纳太罗以炉火纯青的技艺在无形之中为自己留下的一座丰碑。

多纳太罗不仅在雕塑上有很高的成就，在绘画方面也有突出成就。雕塑家因接触石材、木材等需要体力的材料，所以总是比画家有更好的体魄和勇气。雕塑家往往都会将这种"力量"融入作品中，显示隐含在内的"力量美"。宗教主题《圣母子》就是多纳太罗的另一种有趣的尝试。这幅画丰富的光影效果、流畅的线条都让我们惋惜如果他兼顾绘画的话，那么他一定会是不错的画家。甚至在半个世纪后，另一位艺术天才米开朗琪罗通过其作品《台阶上的圣母子》来向多纳太罗致敬。种种迹象表明多纳太罗早已远远超越他的前辈们：吉贝尔蒂在设计锡耶纳洗礼圣水器时，和多纳太罗分别完成两幅青铜浮雕，虽然吉尔贝蒂是多纳太罗的老师，但多纳太罗创作的《施洗约翰的头被带到希律王面前》所采用的单点透视法，刻画出的复杂观看图式被当时的艺术理论家阿尔贝蒂记录在《论绘画》中。如果再举办一次洗礼堂铜门大赛，或许胜出的就是多纳太罗。

1453年，多纳太罗回到佛罗伦萨，此时佛罗伦萨的时局已发生很大变化，他发觉自己身上竟带有某种外乡人的味道。这使得他后期的作品中都带有骚动狂躁的气质，如《抹大拉的玛利亚》和《圣洛伦佐讲坛》。这一时期的作品一反他固有的庄严稳重风格，也与当时欧洲艺术界平静超然的风气相左。多纳太罗这种老来突变的艺术风格转折同一百年后米开朗琪罗的经历竟惊人地相似。

多纳太罗回到故乡佛罗伦萨时已经是68岁的老人了，但他依旧从事雕塑事业。多纳太罗早期的艺术核心是较为直接的写实手法，借鉴古罗马希腊古典表现形式来研究人与自然的艺术处理方法，作品中融入艺术家强烈的个性化体现。他晚期的作品风格有意识地追求形式上的变形和夸张，不是追求古典雕像的华丽气魄，而是强调激情，对苦痛和丑陋的描写是他后期的创作内涵。而《抹大拉的玛利亚》是他晚年时期的又一个巅峰。抹大拉是耶稣在受难旅途中追随他的一个女圣徒。在这里多纳太罗将抹大拉设定为一个干瘦的老女人，经过长期沙漠苦行生活的她全身被涂成棕色，以表示沙漠中阳光长期照射的结果。她合掌祈祷，流露出对宗教的虔诚。在处理《抹大拉的玛利亚》时，多纳太罗甚至如看破红尘般使用难以理喻的夸张变形手法，不禁让人追忆当年他创作《圣乔治》时激情澎湃的创作心情，以及创作《加塔梅拉塔》时成熟稳重的风格。

80岁的多纳太罗是这代雕塑家中寿命最长、作品数量最多的，他的作品样式也是最丰富的。他为此后的雕塑家们树立了一座精神丰碑，也是米开朗琪罗一脉相承的宗师。他留给这个世界的许多精神财富，仍值得我们去学习。

米开朗琪罗（1475—1564）
"哈姆雷特"式的精神贵族

艺术不是一种知识，而是一种表现手段。

——米开朗琪罗

米开朗琪罗——一个时代巨人。他用激情和生命唱响了人文主义的进行曲，赋予了艺术最高贵的灵魂。他桀骜不驯，带着贵族的尊严散发出强烈的艺术气息，黑暗也不能遮掩他的才华。他为世人留下了《哀悼基督》《大卫》《摩西》等惊世之作，历经数百年岁月的洗礼却未曾褪色，反而愈发放射出耀眼的光芒，这光芒传递着正义的力量，不断前进，驱散了黑暗的污浊，带给人们最美丽的希望。

米开朗琪罗，全名米开朗琪罗·波纳罗蒂，与达·芬奇和拉斐尔并称文艺复兴"三杰"。米开朗琪罗的家族是佛罗伦萨最古老的贵族之一，他虽身为贵族，但其成长经历却并不高贵。性格坚韧的米开朗琪罗极富进取心，13岁便进入基兰达约的画室学习，临摹马萨乔的壁画可以假乱真，展露出惊人的绘画天赋。1500年，米开朗琪罗创作了惊世之作——《哀悼基督》，没有人相信这是一个25岁的年轻人创作出的作品，米开朗琪罗再一次向世人宣告了自己的才华。1501年米开朗琪罗重回佛罗伦萨，花了两年多时间完成《大卫》，这件作品的问世标志着他艺术创作的成熟，在之后的时间里米开朗琪罗还创作了雕塑《垂死的奴隶》《摩西》等名作。但他一生都没有创作出属于自己的雕塑艺术，总是被当权者驱使。即使这样，米开朗琪罗也没有放弃寻找自己心中最理想的雕塑艺术。他历经人间沧桑，饱读世态炎凉。

1475年3月6日，一个稚嫩的生命降生在佛罗伦萨附近的卡普莱斯，他就是米开朗琪罗。无垠的乡土，飘逸的空气，岩石，桐树，远处是亚平宁山。不远的地方，便是阿西西的圣方济各在阿尔弗尼阿山头看见基督显灵的所在。冥冥中仿佛自有安排，他日后的创作与基督教有着密切联系。米开朗琪罗6岁丧母，此后便被寄养在一个石匠的妻子家中。米开朗琪罗自幼就显示出了绘画方面的天赋，而他的父亲却不认同，因此暴戾的父亲经常毒打米开朗琪罗，这让他从小便认识到人生的残酷与黑暗，精神上巨大的孤独感让他变得孤僻、怪异，对绘画更是莫名地厌恶。他本人在给侄子的书信中提到："我从来不是一个画家，也不是雕塑家，我是做艺术商业的人。我永远保留着我家世的光荣。"

米开朗琪罗与达·芬奇齐名，同是文艺复兴时期的艺术大师，但两人艺术创作的内容与风格截然不同。达·芬奇的绘画作品大多细致刻画女性，突出表现女性的温柔娴雅、和蔼可亲，观者如同投入母亲怀中，静谧而和谐，让人忍不住沉溺其中；米开朗琪罗雕塑作品的内容则多为男性，突出表现男性肌肉的紧实感，人物形象俊美伟岸。米开朗琪罗的雕塑的面目棱角分明、神情坚毅不屈，给人以强烈的视觉冲击感，令人观后震撼不已。

两人作品的差异与他们儿时的生活背景有着紧密的联系。家族的高贵与实际情况的反差一直是米开朗琪罗的一个心结。他的先祖可以溯源到12世纪法国国王亨利二世的妹妹比特斯公主，米开朗琪罗对这一点很是自豪。他写给侄子的信中曾提到："我们是中产阶级，是最高贵的世袭。"米开朗琪罗幼年体弱多病，成年的他体格瘦弱且性格暴躁，鼻梁骨也被旁人打坏，无论是身体还是精神上都烙下了难以抹去的印记。所以米开朗琪罗开始在雕塑中弥补自己的不足，在其诸多男性形象雕塑中，如《大卫》《摩西》等，不论是形体、肌肉线条还是面目的刻画都力求完美。他这种艺术造型模式其实是潜意识中对完美男性的投射，他对男性美的追求已经到了极致的状态，这更反衬出他对自己形体、面容的极度自卑心理。

米开朗琪罗没能拥有完美的外在形象，他的内心也开始变得畸形。他从小失去母爱，唯一的父亲不但没有给他应有的父爱，还以各种方法压迫米开朗琪罗。

而当他摆脱父亲的压制时，接踵而来的还有贵族和执政者的威逼利诱。为反抗这些当权者，他专门创作了《垂死的奴隶》和《反叛》这两尊雕像，以此进行着无声的抗争，诉说着他对自由的渴求。如果说《垂死的奴隶》是米开朗琪罗对自己人生悲苦的低诉，那么《反叛》则是米开朗琪罗最大声的宣告。《反叛》中人物的躯体坚实有型，呈螺旋状扭曲着，试图冲破身上的束缚，却显得有心无力，只能将自由的思绪附属到遥远的天空中。这种状态正是米开朗琪罗此时的真实写照，他内心在痛苦地翻腾着，满腔的悲愤，嘶喊着父权的种种罪行。

米开朗琪罗一生都没有结婚，直至60岁才对一位女子敞开心扉。那是一个充满青春气息的姑娘，她有着一个动听的名字——柯伦娜，米开朗琪罗与柯伦娜之间的感情一直是最虔诚的柏拉图式恋爱。在精神层面上，他们相互理解、心心相印……柯伦娜的出现让米开朗琪罗灰暗的生活照进了几缕阳光，在艺术上为米开朗琪罗重新打开了他信仰的大门，赞赏了他的天赋异禀，使其对于神的理解有了更为深刻的认识。二人的爱恋是如此纯情，米开朗琪罗甚至不曾吻过她的脸颊，只是轻轻地吻过她的手。清纯之外，米开朗琪罗也曾为这段爱恋而疯狂过，他对爱情的理解和投入不亚于任何人。

"一日不见你，我到处不得安宁。见了你时，仿佛是饥饿的人逢到食物一般……当你向我微笑，或在街上对我行礼……我像火药一般燃烧起来……你和我说话，我脸红，我的声音也失态，我的欲念突然熄灭了……"

这首诗是米开朗琪罗沉陷情爱不能自拔的悲怨之音，他对爱情十分敬畏，但不代表他没有爱的热情。性格孤僻的米开朗琪罗也有为爱疯狂的时候，如同这首情诗一般简洁、直接的语言更热烈地表达了他爱的真诚，他的诗如他的雕塑一般狂野而不失美感。

米开朗琪罗一生都不乏才气，年仅25岁的他就创作出了令整个罗马雕塑界为之惊叹的作品——《哀悼基督》。米开朗琪罗并不喜欢在作品上留下自己的名字，但是为证明这件作品出自本人之手，米开朗琪罗补刻了"佛罗伦萨人米开朗琪罗·波纳罗蒂作"一行题记，这也是他唯一留有签名的作品。

15世纪末16世纪初，意大利变得动荡不安，柏拉图学院开始衰退，教士萨沃

哀悼基督

那罗拉开始宣传基督教教义。在这样的背景下，非人文主义理念开始涌入米开朗琪罗的艺术思想中。1490年，萨沃那罗拉开始了"代替基督来清除世上污秽"的行动，他愤怒地斥责教皇的伪善和社会的各种衰落现象。萨沃那罗拉高声呼喊着："在罗马，一切都是为了钱，每一个职位，甚至基督的血也可以卖钱！"这样激进的发言唤醒了佛罗伦萨人心里最深处对自由平等以及人权的渴望。在当时来看，当权者、教皇和美蒂奇家族并没有将艺术家的人格尊严放在眼里。艺术家在这些权贵眼里亦是身份卑贱的人，甚至被当成私有财产。当萨沃那罗拉号召人们起来对抗教皇和美蒂奇家族的时候，米开朗琪罗的心中也激起阵阵涟漪，他敬佩这个勇敢的人。罗曼·罗兰在《米开朗琪罗传》中写道："直到萨沃那罗拉死为止，米开朗琪罗是艺术家中最倾向异教精神的一个。"萨沃那罗拉的死对米开朗琪罗打击很大，而他却只能将一腔悲愤"发泄"到艺术上，默默创作了《哀悼基督》，以此哀悼逝者同时也是哀悼世人。

《哀悼基督》采用了金字塔式的构图，圣母厚重的衣袍与基督纤细的身体形成了鲜明对比，无力的肢体宣告了基督的肉体已经陨灭，圣母凝视着已经死亡的儿子，脸上却寻不到任何悲伤、苦痛的情绪，更显出圣母的庄严伟大，让人不禁肃然起敬。基督教经典中的殉道者可以说是人文主义者心目中的典范，米开朗琪罗借助这个传统故事来表现人类的觉悟。圣母衣袍起伏，繁复的衣纹棱角分明，衣袍线条的张力与平滑光亮的人体表面形成鲜明对比，这是此前在韦罗基奥和多纳太罗等人的雕像作品中所罕见的。

1501年，米开朗琪罗从罗马回到佛罗伦萨开始了对《大卫》的创作。其实早在40年前，米开朗琪罗用于创作《大卫》的这块石料就被佛罗伦萨大教堂的负责人交与了当时著名雕塑家阿格斯蒂诺·迪·杜乔，由他负责制作一座先知像，但作品刚画出草图就被搁置了，一晃就是40年，竟没有人再敢接手这块巨大石料。而米开朗琪罗却爽快接手了这块石料，并签订了为期三年的合约。据《圣经》记载：大卫是伯利恒城祭司那西的小儿子，能够弹得一手好琴。在大卫生活的那个年代，以色列人与菲力士人为争夺耶路撒冷的控制权，双方经常发起战争。在一次战争中，大卫凭借着过人的勇气和智慧击毙了菲力士第一勇士戈利亚，一时间大卫成了以色列的民族英雄。

在米开朗琪罗之前还有过很多雕塑家雕塑了以大卫为题材的作品。如多纳太罗的《大卫》塑

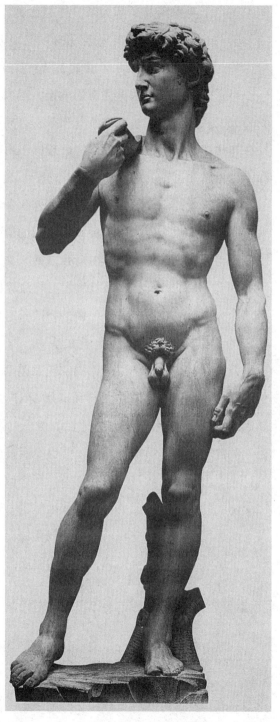

大卫

造了一个全身裸露的少年大卫，姿态优美，身体呈"S"形，更多地体现出大卫的俊美与自信；韦罗基奥所表现的大卫则更显沉着，其体形较为纤细，线条平滑柔美，在着装和配饰方面也做了很多改变，给人一种动态美。

米开朗琪罗放弃前人固有的思维，对大卫的形象做出了新的定义。米开朗琪罗的大卫更为俊美，肌肉线条充满张力，周身散发着迷人的雄性荷尔蒙，表现出外在体格的雄壮勇猛；大卫面容表现的不再是自信和微笑，而是面对敌人的愤怒和因为矛盾而紧锁的眉头。愤怒？迷茫？大卫究竟是抱以怎样的心情来面对战争的胜利呢？米开朗琪罗给予了我们另外一种答复：胜利并不是痛苦的终结。米开朗琪罗的《大卫》代表了一种破除重围的勇气，为当时动荡不安的佛罗伦萨带来了信心与光明，整件作品洋溢着强烈的人文主义精神。米开朗琪罗还赋予了《大卫》令人生畏的威严感，凸显出大卫与命运搏斗的激昂情绪。

《大卫》完成后，佛罗伦萨的行政长官索德里尼去欣赏成品，为了表现自己的艺术学养，他批评说："鼻子太厚了。"米开朗琪罗没有表现出不满，而是拿着小刀和一些石粉爬上架子，隔空随意晃动了几下小刀，并将手中事先抓好的石粉慢慢撒下来，佯装修改的样子，转身对他说："好了请看吧。"索德里尼看后高兴地说："我更喜欢了，你把他改得更有生气了。"年轻的米开朗琪罗厌恶外行人对他的艺术作品指手画脚，但也不能直面反驳，只好耍手段去应付。

《大卫》完工后被安放在佛罗伦萨市政广场，米开朗琪罗认为《大卫》必须接受阳光的照射，才能更淋漓尽致地呈现其完美体态，也只有在阳光下才能凸显真正的勇气。现在矗立在广场上的只是原版本的复制品，真正的《大卫》由于长期经受风吹日晒已严重损坏，佛罗伦萨不得不将其移到艺术院大厅。《大卫》雕像的成功再一次彰显了米开朗琪罗惊人的艺术才能。

因为《哀悼基督》和《大卫》的成功，使得米开朗琪罗声名远扬，但对于一个不到30岁的年轻人来说，他还存有更广阔的发展空间。1505年，米开朗琪罗回到罗马，被迫接受了为罗马教皇尤里乌斯二世修建陵墓和绘制西斯特大教堂天顶画的任务，开始承受各个当权者的奴役。《摩西》就是米开朗琪罗修建罗马教皇尤里乌斯二世陵墓像中最有名的一尊，米开朗琪罗在这尊雕像中植入了自己渴望掌控自我的思想。罗丹认为："米开朗琪罗的雕像《摩西》，是几个世纪以来，最多被人们提到，却最少被人们理解的一件作品。"

摩西是《圣经》里面的一个人物，他率领以色列人民逃出埃及，摆脱法老的奴役，是古代以色列的英雄。他分开了红海的波涛，为受苦受难的人民降下食物，他坚守上帝的指示，为以色列人民定下了十条诫命，并雕刻在石板上。在发现以色列民众触犯了十条诫命时，他愤怒地将石板掷向了破戒的民众。摩西被后人推崇为正义与理想的化身，成为刚正不阿的代名词。常规来说摩西的形象应该更具爆发力，执行十诫的瞬间更易显现摩西的伟大形象。但米开朗琪罗所表现的摩西却并非如此，他的摩西更像是一个智者正在思虑人间的苦痛。

米开朗琪罗手下的摩西与《圣经》中的摩西在外形上有些出入，摩

摩西

西在《圣经》中是一位老人，但米开朗琪罗的摩西更像是一个充满力量的巨人。肌肉发达的臂膀透露着无穷的力量和非凡的气势，浑身散发出震慑一切的威严感。摩西端坐在座椅上，头顶着神的象征物——一对犄角，右手抱着《十诫》，手指撩拨着自己扭转有力的胡须；愤怒使他瞪大了双眼，青筋暴出，全身肌肉紧张地鼓起；右脚已经向前跨出，仿佛随时都会站起身惩戒犯戒的民众；摩西将头扭向远方，企图压抑蒙受背叛的愤怒，紧蹙的眉头让人感到摩西淡淡的伤痛。米

美蒂奇家族陵墓雕塑

开朗琪罗心中的摩西并没有暴怒地摔碎石板，而是压抑着、痛苦着，对于民众背叛他而产生的愤怒远不及他对民众的爱，爱与恨的纠葛让摩西痛苦不堪。这座冰冷的雕像仿佛有了生命，低声诉说着自己纠葛的情绪。米开朗琪罗将摩西塑造成悲剧英雄的形象，挥洒着自己带有浓烈悲剧色彩的情绪。

从1519年到1534年，米开朗琪罗一直在佛罗伦萨为美蒂奇家族服务，忙于其家族成员陵墓的设计。其中奈穆尔公爵的形象被设计为一个年轻的将领，身着华丽的盔甲，双手横握权杖。紧实的躯体有力地扭向一方，神情肃穆，带着高度的警惕性。雕像下的石棺上横卧着《昼》和《夜》。而洛伦佐则体现了"沉思默想的生命"这一理想，他手托下颌，陷入自己的思绪中，表现出一种放松的状态。

《昼》是一个健壮的男子形象，整个身体以一种超乎人类感官承受能力的幅度扭转，坚实而光滑的脊背让人观后心神荡漾，犹如太阳般散发着耀眼的光芒。他的面目似乎有意留下未完成的样子，更显得男子刚强有力。

《夜》是一个妇人，她是米开朗琪罗的雕塑创作中为数不多的女性形象。她有

昼

夜

晨

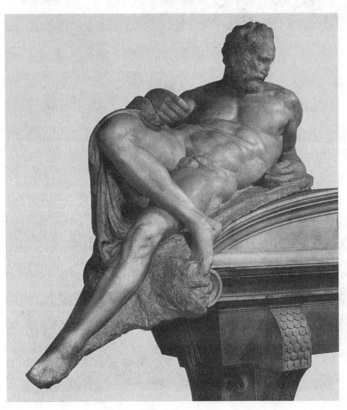

暮

着强健的身躯，两个微微下垂的乳房呈现女性的基本特征。她右臂抱头，陷入了无边的梦境，她扭转的身子让人感觉她的梦境并不甜蜜，而是带着巨大的孤独与悲伤。这尊雕像带给观者犹如深夜般的幽深感与孤独感，同时这也是米开朗琪罗悲剧一生的真实写照。

《晨》是一个年轻的女子，结实的肌肉掩饰不住慵懒散漫的气息，她的思绪似乎还沉浸在漫漫长夜中。尽管《晨》所表现的是一位青春少女，但其模特的原型还是男子，只有那对坚挺的乳房标示着她真正的性别。少女神情迷茫，带着淡淡的忧伤，完全没有清晨应有的朝气，给人更多的是一种深深的无力感。

《暮》所表现的是一位老人，肌肉松弛无

力，侧着头在思索着什么，是人生的喜悦还是悲伤？是感慨现实还是解悟生死？他粗糙的面孔讲述了自己人生的沧桑。《昼》《夜》《晨》《暮》就像是涵盖了米开朗琪罗人生的四个阶段，讲述了他一生的迷迭起伏。

米开朗琪罗37岁时被世人尊为"神圣的米开朗琪罗"，而思想家罗曼·罗兰却将米开朗琪罗比作"哈姆雷特"式的悲剧人物。米开朗琪罗对现实生活中人的热爱甚于对神的热爱，他厌恶教会势力，面对封建割据的局面他的内心比谁都痛苦，他每时每刻都在祈祷实现自由和祖国独立统一，这样理想的生活对米开朗琪罗来说却是遥遥无期。因此米开朗琪罗的辉煌成就与他悲惨的人生有着必然联系，他在受到各种压迫和屈辱时并没有放弃让他遭受苦难的"万恶之源"，而是坚守着艺术，为实现自己的崇高理想而步履不止。

米开朗琪罗说："艺术不是一种知识，而是一种表现手段。"他的艺术不是简单的宗教艺术，而是全人类为之奋斗的最理想艺术。米开朗琪罗将自己的身心全部奉献给了艺术事业，艺术就是他最真挚的爱人。别人劝他结婚时他是这样回答的："我已经和常常使我痛苦的艺术结合，生育的孩子太多了。我的孩子就是作品，它在我死后将留存于世。"米开朗琪罗作为一个具有人文主义思想的战士，作为天才的艺术大师，他留下了大量带有悲剧性的、崇高的杰出作品。他将阳刚之美奉献给了全人类，历经岁月，他的才气却丝毫没有褪色，至今仍传递给我们力量、启迪以及美的享受。

本威努托·切利尼（1500-1571）
米开朗琪罗的另类"徒弟"

> 艺术家为了功名利禄，往往需要变得卑劣低下，俯首贴耳。
>
> ——本威努托·切利尼

　　时光是流水，它可以冲刷人世间的罪恶，也可以淹没一个时代的辉煌。文艺复兴所燃烧的熊熊烈火已慢慢趋于平淡，米开朗琪罗、达·芬奇、拉斐尔这样的天才似乎也很难再出现，新艺术家无力超越这三人的巅峰，所以他们必须另寻他路。面临着欧洲大陆上不同宗教主义之间改革势力的拉锯战以及统治者之间爆发的战争，艺术探索者只能够苦苦挣扎。就这样的特殊时期，人们迎来了"风格主义"的诞生，其实质就是模仿文艺复兴盛期大师的创作风格，同时添加一些个人看法来脱离抄袭。在这一时期大放光彩的就是艺术界的混世魔王——本威努托·切利尼。

　　1500年，本威努托·切利尼出生于意大利佛罗伦萨。他是金银匠出身，后来受到米开朗琪罗的影响，走上了雕塑的道路。切利尼是一个富有传奇色彩的人物，在艺术之外他就是个无耻之徒，说谎、打架斗殴所有坏事基本被他包揽完了。但他本人却多才多艺，在雕塑艺术上有着极高的成就。他游走于意大利的各个城市之间，1523年至1530年间还曾定居罗马，之后又去了法国。他为法国王室和意大利执政者创作了大量金银工艺品和雕塑作品，其代表作有青铜雕像《珀耳修斯和美杜萨》、装饰性浮雕《枫丹白露的狄安娜》、工艺品《法兰西斯一世的盐罐》等。意大利、法国的执政者对切利尼都很器重，美蒂奇家族对他也是赞赏有加。切利尼还是一个极富想象力的人，他为自己创作了一部自传——《致命的百合花》。这本书不但讲述了他的艺术创作过程和人生经历，同时也反映了当时人们的审美标准和社会政治经济状况。这在那个时代是绝无仅有的，所以后人称他为戏剧性的浪漫主义艺术家。

切利尼15岁那年就到马尔孔内的作坊当学徒，他对绘画、雕塑都很感兴趣。但是他的父亲却希望儿子能够成为一名音乐家，父子之间的矛盾由此展开。为了远离争吵，切利尼逃到了罗马，在那里开始为教皇克里门特七世以及保罗三世服务，为他们制作精美的金银饰品和像章。风格主义艺术在当时很受皇家、贵族和教会的推崇，于是切利尼为了谄媚便开始痴迷于制作样式华丽、装饰繁复的雕塑作品。而切利尼炉火纯青的工艺技术更是让他在赞助人那里备受宠爱，如此他便有了更多炫耀的资本，变得愈加骄横无礼。同时，为了维系他在赞助人那里的地位，切利尼想尽办法去讨好他们，绞尽脑汁去创作更为惊艳的作品。

切利尼在艺术方面的才能无法让人否定，但在其他方面他却以狂傲著称。在切利尼的自传中，他把自己写成了传奇故事里面的主人公。在自传中他是一个骑士，一个浪荡子；他在宴会、情场、决斗场上出尽了风头，从来没有失意或失败过；他生活在战乱中，经历过瘟疫、天灾，但是每次都能逢凶化吉，好像自己才是世界的中心。自传中除了他夸张的人生经历还讲了他的雕塑艺术，他为贵妇人做钻戒，为教皇做圣杯……每个作品背后都有一个故事，最终结局总是他得到了很多的"工钱"，也得到很高的赞誉，别人对他也都是心悦诚服。可静下心来细细品阅，却甚感悲伤。作为一个统治者、贵族的宠物，切利尼很好地把握了这个角色，也清楚那些宠爱背后的本质，但他依旧热爱艺术。

切利尼的性格很恶劣，脾气火爆，他的私生活也很不检点，其所作所为已经触犯了当时的教规。有一个美女经常做他的人体模特，切利尼便与她厮混在一起，狂欢纵欲，以至于染上了性病，在治好自己的病后，他又开始去找其他的女人，可谓是"江山易改，本性难移"。切利尼的生命中不能够缺少女人，他渴望用女人的肉体去填补自己内心的空虚，女人对于他来说就如同衣服，不需要时就会抛弃。

切利尼虽然无赖，但他非常珍惜自己的亲人。为了哄父亲开心，切利尼一直把笛子当作自己的业余爱好，希望以此来安慰爱好音乐的父亲。1527年，切利尼的弟弟切基诺被他人谋杀致死。知道这件事后，他很平静，甚至精心为弟弟设计了一个非常美的大理石纪念碑。但平静之下往往隐藏着汹涌波涛，切利尼内心复仇的火焰已经熊熊燃起，在愤怒和苦闷的激荡下，切利尼干脆利落地杀掉了害死弟弟的凶手。切利尼虽是一个艺术家，但他的双手不仅只用在雕塑上。早年他从罗马回家省亲时，因为一件小事就杀了一个青年，之后仓皇逃跑。这些伤天害理的事情在切利尼看来却是理所当然。

切利尼就是这样一个任性妄为的人。他的人生时常因为他这种不定时性的猛烈攻击而陷入困境。1554年他被正式授予佛罗伦萨贵族的封号，两年后却因为对一位金银工艺师施暴而入狱。翌年，又因为反常的不道德行为而被判刑。直到生命末期，切利尼也没有老老实实地生活，遭受恶劣的待遇也是他咎由自取。从另一方面来看，切利尼的所作所为也可说是文艺复兴时期个人主义恶性膨胀所产生的众多负面影响的一个投射。切利尼从来不是一个善者，与其沉默着，不如释放自己的个性。

是金子总会发光。切利尼在工艺品制作方面显露出了傲人的才能，其手法技艺以精巧而著称。他的作品从材料的挑选、设计以及制作都由他一人完成，即使是一枚图章乃至一颗纽扣，他都会全心全意地雕琢打磨，直到自己满意为止。一天，一个外科医生到金匠迪莫罗的店铺为其女儿做手术，当时切利尼也在场，看到医生既粗糙又笨拙的手术刀，他控制不住自己的强迫症，就让医生稍等片刻，自己飞快地跑回自己的店铺，挑了上好的钢材，很快完成了一把做工精巧的手术刀。医生用他制作的那把手术刀顺利救治了金匠的女儿。

切利尼一直痴迷于"精巧"二字，在他的作品《法兰西斯一世的盐罐》中就完全体现出了这一点。这件作品做工精美绝伦、极尽奢华，现藏于维也纳国家艺术馆。1539年冬，切利尼得益于主教的帮助才免受牢狱之灾，并开始在罗马工作，为报答主教的救命之恩，切利尼在此期间为主教制作了很多精美的工艺品。

主教德埃斯特非常赏识切利尼，每天都要去探视切利尼好几次，共同讨论他的作品。陪同主教的还有两位文学家梅塞尔·鲁吉·阿拉曼提和梅塞尔·加

法兰西斯一世的盐罐

布利耶尔·塞萨诺。一次主教提到想要切利尼为他制作一个盐罐，构思要独特巧妙。大家在一起商量，每人都提出了自己的设计构思。梅塞尔·鲁吉的方案是带着小爱神丘比特的维纳斯，而梅塞尔·加布利耶尔的提议是海神尼普顿之妻安菲特里德和半人半鱼的海怪特里同的组合。这两位文学家绘声绘色地向主教大人描述了他们的构想，主教对这两个方案也都很满意，就让切利尼做最后的定夺。然而切利尼却认为这两种想法太过保守，其主题与贵金属这种材质也不大切合，于是他不假思索地否定了这两人的想法。按自己思路制作出的盐罐模型却让主教无法承担所需资金，主教扬言："除非你是为国王制作它，其他任何活着的人都不会要这件作品的。"没想到在这之后切利尼真的为法国国王弗兰西斯一世制作了这件作品。

　　《法兰西斯一世的盐罐》是一件贵金属工艺品，高33.5厘米，主体由乌檀木构置而成。作品的主题是海洋与陆地，大海被塑造成健壮威猛的海神尼普顿，手持三叉戟，他控制着一艘精致的船儿，船上装有足够的盐；大地则是女性的形象，体态优美，身旁装饰华丽的神庙则是胡椒研磨器。在盐罐的底部，有象征着"昼""夜""晨""暮"的四个人物形象，与米开朗琪罗为美蒂奇陵墓所创造的《昼》《夜》《晨》《暮》四尊雕像很是相像。象征海洋、陆地的两个希腊神话人物的躯体都向后倾斜着，四肢被作者有意地拉长，手指纤细，这是典型的风格主义式样。《法兰西斯一世的盐罐》体积虽小，但却有着小中见大的宏伟气势，它蕴藏着切利尼无穷的创作激情，作品整体高贵而繁华，映射出皇族奢靡的享乐生活。

在切利尼所创作的《法兰西斯一世的盐罐》中处处可以看到米开朗琪罗艺术风格的影子，他完美继承了大师的创作理念，将风格主义进行到底。切利尼的作品同样注重表现人文主义精神，神被描绘得更加人性化。但从另一方面来说，文艺复兴盛期雕塑的那种恢宏气势与深沉庄严的艺术表现力也被慢慢弱化。风格主义与米开朗琪罗等人的厚重风格已渐行渐远，继而向精致、巧妙发展。风格主义发展到后期就是进入了巴洛克艺术的开端，有着承上启下的重要作用。

《枫丹白露的狄安娜》是一座装饰性青铜浮雕，现收藏于法国巴黎卢浮宫。这是切利尼继《法兰西斯一世的盐罐》之后的又一追求极端形式美的作品，它结合了法国样式主义和意大利样式主义的特征，一改文艺复兴时期单纯质朴、一目了然的风格，手法非常细腻，极具装饰性。这件作品是切利尼为法国皇室所作，用于装饰枫丹白露宫的弧形窗。雕像中间位置是一个凸出的鹿的头部，女神狄安娜的胴体修长而健美，自然地向外扭转着斜卧在座椅上。狄安娜是罗马神话中的月亮和狩猎女神，她手持弓箭，常与仙女侍从一起狩猎游戏，有时会乘坐麋鹿驾着的银车出行，她热爱自然生活，是弱小动物的保护神。为衬托出狩猎女神在动物界神圣的地位，切利尼在背景之处装饰了各种动物。作品在处理上显然是受到了米开朗琪罗为美蒂奇小礼拜堂制作的陵墓雕像的影响，但切利尼夸大了人物形象，头部刻意缩小，肢体被拉长，整个躯体被推到了浮雕的最前景。

《枫丹白露的狄安娜》在法国枫丹白露美术流派的形成过程中有着非常重要

枫丹白露的狄安娜

的作用。不可否认，切利尼是一位极富激情和创造力的艺术家。在他的作品中往往能够找到米开朗琪罗作品的影子，他把自己看作是米开朗琪罗的徒弟，他为能够传承米开朗琪罗的艺术风格而感到骄傲。他不断向别人解释说："那个伟大的米开朗琪罗，我只是从大师那里，而不是从别人那里学到我所知道的一切。"他同大师一样自信，他继承了米开朗琪罗孤傲的性格，他比大师还要介意别人质疑他的艺术。

切利尼在制作《珀尔修斯和美杜萨》的时候遇到外界人士的强烈质疑。科斯莫公爵对他的巨大作品表示非常不满："本威努托，这座雕像铸铜一定不行，因为艺术的规则不允许。"但切利尼却坚持自己的想法，他不允许别人对他的艺术指手画脚，并深信自己可以出色地完成这个作品。他对这件雕塑作品投入了自己的全部精力，但往往天意弄人，工场着火了，他自己又生了重病，第一次烧铸在切利尼的种种努力下还是失败了。而切利尼并没有因为一次失败就选择放弃，他从失败中找到问题的症结，再一次烧铸《珀尔修斯和美杜萨》。功夫不负有心人，他成功了！他用行动证明了自己，他是一个了不

珀尔修斯和美杜萨

起的雕塑家!

在切利尼的众多作品中《珀尔修斯与美杜萨》可以说是最杰出的,它是切利尼风格主义雕塑艺术的完美体现。《珀尔修斯与美杜萨》是一件青铜雕像,坐落于意大利佛罗伦萨兰齐回廊。珀尔修斯是希腊神话中的英雄,是主神宙斯的儿子。他和母亲被外祖父遗弃,流离到塞里福斯岛,被那里的国王收留。塞里福斯的国王为了娶他的母亲,便怂恿珀尔修斯去冒险,让他去杀死女妖美杜萨。美杜萨是戈尔贡三女妖中最危险的一个,一头长发竟全是毒蛇,任何人与她对视,哪怕一秒钟都会立刻变成石头。珀尔修斯克服重重困难找到美杜萨,利用从雅典娜那里得到的一个光亮的铜盾同她生死搏战,最后成功砍下了美杜萨的头颅。

雕像《珀尔修斯与美杜萨》表现的是珀尔修斯砍下美杜萨头颅从而取得胜利的瞬间。切利尼塑造的珀尔修斯是一位体形健美的英俊青年,他左手高举着美杜萨血淋淋的头颅,右手持刀,左腿弯曲,脚下是敌人破碎的尸体。他那精致的面孔因为愤怒而变得异常严肃,下颌微微低垂,好像才从惊险的战斗中缓过气来,雕塑定格在他取得胜利时内心喜悦转向战斗结束后沉稳冷静的瞬间。切利尼的创作手法已达到了炉火纯青的境地,人物比例自然和谐,对于肌肉骨骼的细节部分也处理得十分精细，带给观者极大的视觉冲击，有力地烘托出珀尔修斯的英雄气概。然而切利尼在雕塑英雄脚下的"敌人尸体"时遇到了难题，如何让"敌人的尸体"在较小的底座上自然地表现出来？最后，他把"敌人尸体"设计成手脚叠加起来，这一设想非常大胆，如此戏剧性地演绎也只有切利尼才能想得出来。

欣赏切利尼的作品不能只用眼睛，而是要用心去感受。尽管切利尼在技法上已趋于完美，但他却没有在其艺术创作上做到完美，只是竭尽所能在模仿米开朗琪罗。切利尼的作品是一种形式上的无懈可击，与米开朗琪罗等大师相比较他的作品只能说是工于计算的小产物，缺失了文艺复兴盛期优秀作品的历史厚重感和发自内心深处涌动的激情，但这就是那个时期所生成的产物——风格主义艺术。就风格主义来说，切利尼在雕塑、工艺艺术史上有着不可藐视的贡献，主要表现在他对细节的处理以及创作手法上。他有创作宏大作品的抱负，但最终为世人所接受的却是他的精巧与细致，得不到的永远在骚动。

切利尼是个虚荣心很强的人，这在他的自传中就有深刻体现。但他乐于完整地表现自己，他做坏事，但是他敢作敢当，不藏着掖着，这样的人起码还有他的可爱之处。作为一个艺术家，切利尼只有在一些特制的装饰品上达到了完美的地步，他最重要的雕塑作品大多在半完成的情况下就被毁掉了，很可惜，我们没能有机会饱览他的全部才华。作为一个"人"来说，他永远走在灾难的最前列，因为他就是倒霉的源头。但他忠于自己的个性，有一股狠劲，不管是对自己还是对别人。这样的人不多，这样的艺术家更是稀少。

乔凡尼·达·波洛尼亚（1529—1608）
一个完美的"意大利人"

我拒绝成为米开朗琪罗的影子，因为我希望历史记住的是波洛尼亚，而不是那个"复制大师的人"。

——乔凡尼·达·波洛尼亚

风格主义长期以来就备受争议，呈现出两个极端，或许它只是对文艺复兴鼎盛期艺术大师的一种朦胧晦涩的刻意模仿。一个时代一旦发展至巅峰，那么等待它的就只有衰退，然而这种衰退并不代表着灭亡，也可以说这是一种开拓，艺术家波洛尼亚就是这样一个时代的开拓者。模仿是人类通向创造新兴事物所必须做的事情，风格主义就是在模仿中寻求超越。因此，风格主义成为文艺复兴艺术走向巴洛克艺术的基石也是必然的。

16世纪欧洲政治局势发生了巨大变化，这使得国与国之间的人员和信息交流变得愈加频繁。风格主义的国际影响随着信息的大范围扩散而蔓延至欧洲各地，在法国的枫丹白露、马德里的宫廷、布拉格等这些地方都可以看到那种日渐蹊跷、绚烂的艺术形式。

乔凡尼·达·波洛尼亚，他的名字和艺术乃至他的一切都像一个真正的意大利人，很少有人知道他是一个法国人。波洛尼亚原名让·德·布洛涅，曾师从米开朗琪罗，继承了这位大师丰富的表现技巧和扎实的写实功底。然而巨人的艺术是不会被轻易模仿的，每个人都是不同的，没有人可以同米开朗琪罗有完全相同的心性与思想。因此，波洛尼亚选择了一条与老师不同的艺术道路。波洛尼亚更多受到希腊化时期雕塑艺术的影响，着重研究人体群像构图的复杂性。艺术终归是被灌入自己的思想才会变得有意思。

波洛尼亚早年在罗马曾见过米开朗琪罗，米开朗琪罗对他提出了批评。大师的话总是一针见血，说波洛尼亚没有耐性，往往还没做好雕塑小样就急于完成作品。至此以后，波洛尼亚就养成了制作黏土或蜡质小样的习惯，《萨宾妇女的被劫》的小样如今就保存在伦敦的阿尔伯特和维多利亚博物馆。

1557年，波洛尼亚移居佛罗伦萨，并成为美蒂奇家族的御用雕塑家。他被认为是继米开朗琪罗之后最重要的雕塑艺术家之一，他的作品代表了从米开朗琪罗向巴洛克样式演变的风格。其主要代表作有青铜像《飞翔的墨丘利》、群雕《萨宾妇女的被劫》、大理石雕像《佛罗伦萨战胜比萨》等。

大理石雕像《佛罗伦萨战胜比萨》高2.59米，创作于1565—1570年，收藏于佛罗伦萨巴尔杰

佛罗伦萨战胜比萨

罗博物馆。1406年，佛罗伦萨征服了意大利名城比萨，比萨很快成了贸易航运中心。后来比萨宣告独立，却在1509年再次被佛罗伦萨征服。这一历史事件在基督教的宣传中被赋予"灵魂之战"的意义，并称之为"美德与邪恶之战"。《佛罗伦萨战胜比萨》便是这件史实的象征性雕塑。

1565年，波洛尼亚接受了佛罗伦萨托斯坎尼大公的命令，创作两件雕塑作品为他的儿子佛朗西斯科装饰婚礼宴会厅。一件是《参孙杀死非利士人》，另一件就是著名的《佛罗伦萨战胜比萨》。其中作品《佛罗伦萨战胜比萨》并不是波洛尼亚本人亲手雕刻，而是其助手根据他创作的泥雕小样用大理石制作而成的。

《佛罗伦萨战胜比萨》中的女性有着丰满的躯体，挺立着双乳，周身散发着青春的气息。波洛尼亚以这一女性形象代表了胜者佛罗伦萨，是正义的象征，其造型沿袭了传统的表现形式，即身体修长，头部较小。相比米开朗琪罗所塑造的女性形象而言，波洛尼亚手下的女性没有健壮的肌肉，取而代之的是脂肪所带来的韵味，符合女性审美标准。跪在女人身下被束缚着的老年男子代表的是战败的比萨，是"邪恶"的象征。这一男性形象与米开朗琪罗为美蒂奇家族陵墓中创作的《暮》有着相似的意味，米开朗琪罗以老年男子的形象去表现暮色的衰败之景，波洛尼亚则用以表现战败者的落魄。这件作品表面上是在歌颂佛罗伦萨的政府，其实质却只是托斯坎尼大公对自己权势的一种炫耀。

以人体象征正义与邪恶，在大师米开朗琪罗的雕塑作品中已有先例。波洛尼亚这尊雕像中的象征性意味较米开朗琪罗的作品更富于独到的表现力，他以一个美丽的女性形象强调了动势的力度。人类由母系社会进入父系社会开始，不管是在西方还是在东方，女性都比男性的地位低，而波洛尼亚以被女人擒住的男人来代表比萨，反衬出了佛罗伦萨的强大，带着些许嘲讽的意味，波洛尼亚以这种夸大的差距感向托斯坎尼大公"献媚"。

《佛罗伦萨战胜比萨》体现出波洛尼亚由精巧构图带来的丰富视角，在这之后，他几乎把全部的精力都投入到了多视角的雕塑创造中。这一高峰的涌现就是1583年波洛尼亚创作完成的《萨宾妇女的被劫》，这组作品可以说是风格主义运动的最强音。

作品《萨宾妇女的被劫》高4.1米，取材于罗马神话。相传罗马城建设初期，城内青年男子远多于女子，为了壮大自己的种族，罗马统治者邀请邻近的萨宾部落带着妻儿一起来参加庆典，然后放纵罗马的青年人抢夺萨宾妇女做妻

萨宾妇女的被劫

子。其实波洛尼亚本人的创作意图只是想表现人物之间复杂的空间关系，起初也并没有为这组雕像定义主题。他把雕像的青铜复制品寄给托斯坎尼大公时，陈述了他对自己这件雕塑作品的看法，他认为这组群像也可以是劫走地狱女神或海伦，几经周折，题目最后被定为《萨宾妇女的被劫》。

　　这组雕像由两件作品组成，一件为青铜雕像，刻画了两个人物，另一件为大理石雕像，有三个人物，其中大理石雕刻的三个人物最为精彩。波洛尼亚别具匠心地安排了三个人物各自的位置，自下而上，分别是被压迫在地的萨宾老人，欲霸王硬上弓的蛮横罗马青年以及被青年抱住正在哭嚎挣扎的萨宾妇女。雕塑整体的结构呈螺旋向上的状态，就像是同一动作的连续暂停，无论从哪个角度观赏都是适宜的，让观者能从每个角度都感觉到强有力的动态效果和精彩的轮廓线。三人的眼神方向随着躯干和肢体的动作而转移，这种手法早在达·芬奇的《蒙娜丽莎的微笑》中就有深刻体现。无论是从哪个视点去关注蒙娜丽莎，她都是看着你微笑的。这虽不是属于波洛尼亚的自创手法，但他却运用得恰到好处。

　　作品《萨宾妇女的被劫》对于人物表情和动作的刻画也很到位。最上方的女人扭动着身躯，挣扎着想要逃出罗马人的魔爪，眼神中透露着惊恐的神色，把手竭力伸向天空，祈求重获自由。年轻的罗马男子则是用尽浑身解数倒压着身下的老人，臀部的肌肉紧绷，目光冲向自己的猎物，有志在必得之势。最下面的萨宾老人显然已经自顾不暇，为了解脱，他只得捂住看向女人的双眼。女人和老人的姿态显然是受到希腊时期雕塑《拉奥孔》的影响，通过人体的扭曲纠结和激烈抗争将雕塑处理运动的能力和空间的复杂性推到了极致，突破了固定角度欣赏的局限性。

　　《参孙杀死非利士人》是波洛尼亚为托斯坎尼大公创作的作品，高2.1米，现藏于伦敦维多利亚和阿尔伯特美术馆。参孙是《旧约》中记述的以色列法官，他天赋神力，所以更多时候他是以一个好勇善斗的冒险者形象出现。以色列当时正处于非利士人的统治之下，非利士人惧怕神武的参孙，就对以色列人威逼利诱，让他们将参孙用绳索捆绑起来然后交给自己。参孙到非利士人的阵营后，却一下子挣脱了绳索，捡起一块驴腮骨，打死了上千个非利士人。

　　这件作品着重表现参孙手持驴腮骨打死一个非利士人的瞬间，而非这位勇士以一当千的混乱局面。勇猛的参孙一把捉住非利士青年的头发，身上的每一块肌肉都紧张而饱满，仿佛聚集着极大的力量。参孙的面目表情显得非常泰然，歼灭这些非利士人他势在必得，而伏在他身下的人显然没那么淡定，因为惊恐，这个非利士青年瞪大了眼睛，张开的双唇不知是在呼喊救命还是在哀求参孙。这个非利士人的右手似乎已经无法支持他的重心，胳膊上的肌肉已经严重扭曲变形，他的身体处于极不稳定的状态，呈现出一种面对死亡的恐惧感。由于创作条件的限制，波洛尼亚无法以千人的场面来凸显参孙的魄力，所以选择用对比的手法来表现人物形象，不失为一个明智的选择。

1572年，波洛尼亚接到了一个为庭院人工洞窟中的维纳斯喷泉做装饰雕刻的委托。这个维纳斯的雕像作为喷泉座，其体积非常巨大，但在波洛尼亚的精雕细琢下，雕像整体显得纤细而优美。女神扭转着身子向斜后方看去，有种顾影自怜的味道在其中，其形体轮廓设计得非常巧妙，从不同角度欣赏会有不同的变化，出色地融合了样式主义的雕刻理念。

参孙杀死非利士人

《维纳斯喷水座》完成后，波洛尼亚随即接到了雕像《阿波罗》的委托。阿波罗是希腊神话中十二主神之一，是宙斯与暗夜女神勒托所生之子。他是掌管文艺的神，主管光明、青春、畜牧、医药、音乐等。他有着最为英俊的外表，是希腊神话界的美男子，拥有九头身的完美身材，并且富有音乐才华。这使得阿波罗受到很多女神的欢迎，但却遭到了赫拉的诅咒，使阿波罗的爱情没能开花结果。

作品《阿波罗》的主人公以女性形象出现，有着丰满的形体，但却显得松弛无力，没有健美的肌肉，反倒有着女性最厌恶的小肚腩。这件雕塑作品与阿波罗的形象有诸多不符合的地方，唯一能够说明他是阿波罗的就只有撑着人物右手臂的竖琴，这是阿波罗作为音乐之神的一个标志。在这里人物依旧是扭转着的，企图以多变的轮廓以及肢体交叉形成的光影变化来表现独特的艺术视角，显示出风格主义艺术的特点。

波洛尼亚所创作的人体风格是结合希腊古典风格与米开朗琪罗作品的产物，肢体被过度夸张，身段曲折，一反常态，像是随时都会舞动起来。《飞翔的墨丘利》创作于1580年，高1.87

阿波罗

米，人物重心仅落在五个脚趾上，这比40年前达内塞·卡塔内奥所创作的《幸运女神》又进一步。这一大胆创作，不得不让人佩服波洛尼亚对力学重心的精准把握。《飞翔的墨丘利》可以说是文艺复兴时期青铜铸造工艺日益发达的代表性作品。

墨丘利就是希腊神话中的赫尔墨斯，赫尔墨斯是宙斯和迈亚的儿子，同时也是希腊奥林匹斯山上的诸神使者。赫尔墨斯掌管的事物有很多，一些没

人愿意做的职位都被他接管
了。最早是丰产神，后来因为
与牧神、山林女神都十分亲
密，所以又被认为是畜牧保护
神。同时他又是道路神，会为
旅行者保驾护航。在荷马史书
《奥德赛》中，他是负责引领
死者进入冥界的神使。赫尔墨
斯太多变了。在现代，不同领
域的职业就会有一种代表性的
服装和工具，如医生的白大褂
和听诊器，所以墨丘利的形象
也是多种多样。从古希腊时期
起，墨丘利的形象就在背羊的
牧人、成年男子、手持短杖的
神使间徘徊，在雕塑家心中，
墨丘利可以说是一个非常受欢
迎的创作题材。

　　在这件作品中，墨丘利头
戴插翅膀的飞行帽，右手拿着
代表"商业"的盘蛇神杖，左
臂轻轻抬起，手指悠然地伸向
天空。左腿向后弹起，整个身
体呈向上跳跃的动势，使他看
起来几乎是腾空的。一个代表
南风的面具吹出气流托起墨丘
利轻巧灵动的身躯，双脚旁边

飞翔的墨丘利

的羽毛为墨丘利增添了几分俏皮可爱的感觉。整体雕塑优美、流畅，给人以青春的美感。

《飞翔的墨丘利》中的人物造型依旧遵循着波洛尼亚以往的风格，追求构图上的多视角。墨丘利的四肢和身躯被刻意拉长、扭曲，使作品有着丰富的动态变化，极具观赏性。波洛尼亚的艺术是一种形式上的奇巧与炫耀，甚至有一点卖弄的感觉。同米开朗琪罗那种悲壮宏大的内敛与爆发大不相同，波洛尼亚的作品整体是一种"小清新"。波洛尼亚虽无望超越米开朗琪罗，但并不意味着他的作品没有可取之处，毕竟天赐的宠爱不是谁都能够得到的。波洛尼亚在雕塑艺术上追求形式美和多视角，他将两者都做出了完美诠释。波洛尼亚达到了米隆的《掷铁饼者》所未能企及的领域，这已经是翻开了雕塑史上重要的一页了。

然而，波洛尼亚因为太过注重形式以至于其作品内在的表现力显得不堪一击。他善于吊起观者的"胃口"，却不能把这种"胃口"升华至更高的层次。其作品过于夸张的构图已经超越了艺术高于现实的界限，物极必反，注定了波洛尼亚及其雕塑作品的命运——只能是一个试验品。其作品精巧的构图预示着一种精细艺术——巴洛克艺术的到来。

风格主义结束了文艺复兴时期的波澜壮阔，开启了一段新的旅程，大师们虽从此退出了历史舞台，但依旧在历史的长河中绚丽地舞动着。在这个平静的时期，艺术家忘却了国家的命运与历史的责任感，清静的时候，人们闲来无事，总喜欢对身边的一些事物吹毛求疵，却往往忽略大势所在。从文艺复兴鼎盛期那种宣泄灵魂的雕塑转向形式繁华的雕塑，风格主义有着举足轻重的地位。没有过渡的文章是生硬的，艺术亦是如此，没有过渡就意味着不会成熟。

吉安·洛伦佐·贝尼尼（1598—1680）
戴着枷锁跳舞的巴洛克雕塑家

> 一个艺术家想要成功必须具备三个条件：一是极早地看到
> 美；并抓住它，二是工作勤奋；三是经常得到精确的指教。
>
> ——吉安·洛伦佐·贝尼尼

　　运动、精致、组合、华丽，这就是巴洛克风格。从严格意义上来说巴洛克并非是
个褒义词，西班牙语将其解释为"不圆的珍珠"，拉丁文的释义为"荒谬的思想"，
看来造出这个词的人对这个时期的艺术多少是有些轻蔑的。尽管巴洛克艺术有过分奢
靡之嫌，但是对后世建筑、音乐、绘画、雕塑等多方面的贡献是不可否认的。17世纪
以贝尼尼为首的巴洛克雕塑家，缔造出恢宏绚丽的艺术，韵律、光影同那洁白的大理
石雕像相得益彰。

　　吉安·洛伦佐·贝尼尼是17世纪巴洛克雕塑成熟期风格的代表人物之一。
1598年，贝尼尼出生于意大利那布勒斯城，他的父亲也是一位小有名气的雕塑
家，终生为那布勒斯宫廷服务。贝尼尼子承父业，自幼跟父亲学习雕塑。在他
7岁时全家移居罗马，在罗马浓厚的艺术氛围中，他花三年的时间临摹和研究
米开朗琪罗和拉斐尔的画作，并研习古罗马、古希腊时期的雕塑作品。贝尼尼
11岁时雕刻了一件半身肖像，他初出茅庐就在罗马引起轰动，连当时的教皇也
觉得他是个不可多得的天才，于是将他交托给一位爱好艺术的主教马菲欧·巴
贝里尼，让他担任贝尼尼的导师和保护人。主教巴贝里尼兴奋地说道："我们
希望这个年轻人将成为他这个世纪的米开朗琪罗。"果然，贝尼尼不负众望，
成为一名出色的雕塑家。

教皇乌尔班八世碑雕

贝尼尼的一生中，除了孩童时期以及66岁时访问法国的6个月，他大部分时光都是在罗马度过的。在半个多世纪里，他接连服务了八位教皇，每位教皇都致力于宣扬天主教而不停地大肆修建教堂和公共设施，无一例外的是这几位教皇对贝尼尼的天分都十分敬重和赏识。也因如此，今天我们才能在罗马的旧城区看到大量贝尼尼的雕塑作品，如纳沃那广场的公共设施《四河喷泉》、雕塑作品《阿波罗与达芙妮》《大卫》《圣德列萨祭坛》等。

在圣彼德堡教堂的主祭台上，安放着贝尼尼为他的"伯乐"乌尔班教皇所作的《教皇乌尔班八世碑雕》，碑雕上是圣彼得宝座，下方分别有两名天使在两侧，中间为教皇的棺木。贝尼尼的雕塑多偏爱强烈的动态姿势，雕塑具有一种向外的动势张力，为西方雕塑创造出一种新的动态关系。贝尼尼熟练的雕刻技法让坚硬的大理石如同拥有蜡一般的可塑性，让人恍惚觉得在雕像光洁精致的皮肤下有着人一样的温度。他喜爱用装饰性的纹路背景去衬托雕塑作品，并配以特定位置的光线让作品与建筑融为一体。这种手法正好达到了天主教会所需的喧嚣迷人、热烈豪华的效果，成为宗教宣传的有力手段。

青春洋溢着无尽活力。27岁的贝尼尼风华正茂，他将热烈激昂的情感在

《阿波罗与达芙妮》中充分体现出来。作品内容是公元1世纪拉丁诗人奥维德作品《变形记》中的一个故事。阿波罗是光明之神，年轻自负的阿波罗嘲讽了还是孩子的爱神丘比特："我能射死毒龙，人们尊我为射神，而你的箭又有什么用处？丢了吧！"被羞辱的丘比特一怒之下用一支金箭射中阿波罗，令他爱上了一位河神的女儿达芙妮，而后他又用铅头箭射中达芙妮，让她厌恶阿波罗。阿波罗向达芙妮热烈地求爱，而她却因恐惧而逃去。阿波罗飞快地鼓动着爱的翅膀在后面追逐着她，达芙妮苦苦哀求众河神救她，于是众河神将达芙妮变成了一棵月桂树。

阿波罗与达芙妮

关于达芙妮变形的瞬间，有位美国诗人罗尔夫·汉夫里斯翻译奥维德的诗作中写道：

"当她的声音刚刚落下，她的四肢已变得麻木而沉重，她那柔软的双乳也为细嫩的树皮所覆盖，她的秀发变成了树叶，她的双臂变成了枝杈，她行走如飞的双脚根植地下，而她的头就是那树顶，所有的东西都去了，却留下她的光彩，她的优雅。"

达芙妮变形的一瞬间是画家表现的主题，但这几乎是不能用石头去表现的。然而贝尼尼却能大胆精准地表现出这一瞬间：一片正在形成中的树皮环绕着她的双腿，在她伸展开的手指和飘动的头发中纷纷长出了树叶，而她的双脚变成了根茎，并与大地融为一体。这件作品的大理石雕刻技法在欧洲艺术中无

圣德列萨祭坛

与伦比。这里所表现的人物是具有运动倾向的，其体态动势正处在高潮阶段，突出巴洛克雕塑具有强烈动感的特点。此外，这件作品将多种材料质感和肌理效果完美地表现出来，显示出他高超的写实技巧，至今令人惊叹不已。不仅仅是达芙妮变形的身体吸引了贝尼尼，他还捕捉到追逐者与被追逐者顷刻间的情感变化：阿波罗由喜悦转向惊讶，达芙妮从恐惧转向麻木。这样真实的情感捕捉证明他对人的情感变化有着深入研究，也让这件拥有古典内涵和巴洛克热情的作品成为西方美学史上不可多得的佳作。

众所周知，欧洲那场明争暗斗、你死我活的宗教内部斗争从未间断。直到17世纪，虽然教皇一统大权，但是忠诚的信徒们却被搞得晕头转向。为了重拾大众的信心，教廷决定在教堂的装饰与建造上搞出噱头，以让平民一进入教廷就被豪华的装饰和天主教的神圣光芒所震撼。于是教会成为当时艺术最大的赞助商，艺术家在尽量满足教廷所提出的要求，同时也散发着自己独特的光芒。在此背景指导下，教会委托贝尼尼制作《圣德列萨祭坛》来宣传教会的教义。

《圣德列萨祭坛》完成于1652年，此件组雕与贝尼尼前期雕塑的歌颂性风格有些不同，也属于典型巴洛克风格。这件作品所描绘的是一位名叫圣德列萨的西班牙修女，这位修女从小得了怪病，每次发病的时候都会产生奇异幻觉，后来修女隐居修道院时，开始将这些幻觉以书信的形式记录下来。在森严的教廷中这些书信被视为异端邪说并禁止传播，直到17世纪，教会认为这些书信可用于宣传教义，圣德列萨的幻象才得到普遍认可，此时圣德列萨修女也被追封为圣徒。贝尼尼在这件作品上别出心裁，在祭坛上雕像还有一个精致的祭坛外框，这个外框就犹如一个画框，将雕塑作品装裱起来，别具艺术感。雕像被安放在壁柜里，深色大理石镶砌而成的祭坛外框，更加突出白色大理石雕像的纯洁，通过外框往里看，让人感到整个画框像一面魔镜，里边仿佛是另一个奇异的世界。祭坛整体由两个人组成，一个是圣德列萨，另一个是身旁的天使。

《圣德列萨祭坛》是贝尼尼根据这位修女留下的书信片段创造的，书信内容为：

"在我的身旁，在左边，我看到了天使，是一个真实的人……他很漂亮；他的面貌发出光彩；他正是像人们所说的天使的样子……在他的手中我看到有一枝很长的箭，箭头燃着火焰；他向我走来，在我的心上戳了几下，我感到这个箭头钻透了我的心；当他把金箭拔出来时，我感到好像在往外抽我的心；我对神陷入在火一样的爱情之中，我是那样的痛苦，使我情不自禁地喊了起来；但同时，我正在经受着一种无限的愉快，这又使我想把这痛苦永远地继续下去。"

贝尼尼是个纯粹的艺术家，也是一个特别会讲故事的人，仅通过一个残旧的书信内容，活脱脱地塑造出了圣德列萨的圣徒形象。他在雕塑中再现了圣德列萨所记录的一段幻象：带翼的小天使像是刚刚从空中飘落，还未收起双翼的大天使正拿着金箭走向圣德列萨，一旁调皮的小天使歪着头正看着失神的修女。修女是静的，大天使是动的，两个形象一静一动形成了有趣的对比。此时，圣德列萨处于失神的状态，半闭的双目，头部向后仰，双手无力下垂，半张的嘴像是在痛苦地呻吟着，如若不是披着的僧袍束缚着她的肉体，她就好像要离开这个尘世。这件作品虽取材于宗教题材，但与一般描绘宗教故事的作品最大的区别在于它并不脱离普通大众，少了些高高在上的距离感。

虽然贝尼尼能够创作出《圣德列萨祭坛》这样带有神圣色彩的宗教主题雕塑，但是贝尼尼并不是完全虔诚的人。调皮可爱的天使形象与古希腊中丘比特

大卫

的形象相似，圣德列萨也正处于少女时期，二人之间微妙的爱的涟漪正被激起。贝尼尼之所以被认为是巴洛克艺术积极的代表，不仅在于他拥有高超的雕刻技艺，更为主要的是在他的作品中所体现出的人文主义精神。贝尼尼的人文主义不是强制性地灌输宗教思想，而是亲民化、大众化地传授。

"一个艺术家应该拿出应该有而还没有的东西。"贝尼尼在勉励自己的同时也在不断地告诫别人，这些话至今仍是很有启发。以《大卫》为主题的作品在历史上多次重复，早在文艺复兴时期多纳太罗、韦罗基奥和米开朗琪罗等多位大师分别都创作过。贝尼尼却在不怕重复的情况下创造出属于自己独特的作品，显示出与古典主义氛围截然不同的巴洛克精神。米开朗琪罗的《大卫》体态健硕，神情轻松自得，对战争的胜利似乎志在必得，表现出人类对力量的崇拜，显示出单纯、静穆的特质，是古典主义的代表。而贝尼尼所作的《大卫》，全身紧张，时刻保持着备战的状态。额前的怒眉、嘴唇紧闭、双脚叉开、身体扭曲、手中紧握着的抛石器机弦一触即发，全身充满了愤怒的力量。这种备战的姿势会让人产生本能的错觉，让观众感受到大卫面对敌人的真实状态，弓弦之间，石弹擦身而过。贝尼尼对《大卫》形象的改变是对传统方法雕塑的大胆改革，极具动感的造型设计和戏剧化的艺术处理，将人的肉体与灵魂合二为一，更为贴近真实。

贝尼尼所做的《冥王普路托与女神帕罗塞尔皮娜》同样取材于神话。谷物女神的女儿帕罗塞尔皮娜采花时，与冥王相遇，冥王普路托对她一见钟情，他从土地里突然跳出来把她劫走，并强娶她为妻，无可奈何的帕罗塞尔皮娜只得屈服冥王。这组雕像表现的正是帕罗塞尔皮娜被冥王劫走时候的情形：曼妙的少女凄楚地哀号着，泪水止不住地流，晶莹的泪珠在两腮滚落而下。贝尼尼选取该情节的矛盾制高点来创作，将冥王的狂暴与罗塞尔皮娜的柔弱形象构成强烈对比，富有戏剧性，表现出华丽的巴洛克精神。不论是从人物激愤的内心表现来看，还是从动态的节奏感来看，贝尼尼的雕塑技艺都是无可非议的。

冥王普路托与女神帕罗塞尔皮娜

当时贝尼尼热烈的创作情感与他自己内心一样是汹涌澎湃的，他在回忆创作这组雕像时说："青年时期，我没有错误地凿过一刀……"此雕像完成后，贝尼尼博得了全罗马的赞赏。一夜之间，贝尼尼成了宫廷内外人们茶余饭后谈论的话题。

依诺森十世教皇在执政期间邀请贝尼尼制作了圣彼得教堂的多件作品，其中包括罗马广场中心具有宏伟宗教幻觉气息的《四河"喷水池"》。这件作品让贝尼尼在园林雕刻建筑方面也做出了开创性的贡献。他将异国的棕榈树和岩

四河"喷水池"

石组合在一起，来表示水的源头来自遥远的地方。在岩石之中有一方尖碑，泉水从中潺潺不绝地流出，泉水之下有四位老人面朝东、南、西、北四个方位坐着，这四个形态各异的老人象征人类征服自然界的四条河流，分别是多瑙河、恒河、尼罗河和普拉达河。这四条河又分别代表了拥有人类文明的四块大陆：欧洲、亚洲、非洲和美洲。看似如乱石的假山，其实每一个切面都是由贝尼尼精心设计的。不管是雕塑还是公共建筑，贝尼尼都擅长制造舞台氛围，能将某一自然造物产生人体联想，并把欧洲多国民族形象思维的心理进行拓展，他是继米开朗琪罗后最为出色的艺术家。

1680年11月28日，82岁的贝尼尼逝世。罗马城为这位雕塑大师举行了隆重的葬礼。他将雕塑艺术视为生命，有人曾评价贝尼尼："他仿佛不是在雕刻，而是在吞噬着大理石。"

西方的艺术史有时候更像是个名利场，艺术家好像是某种集团势力的宣传者。"在很长一段历史时期里，艺术家都是'戴着枷锁在跳舞'，他们不仅无法决定美术史的发展，甚至连自己的创作也并非完全由自己做主。"或许艺术家生来就是要抑制快乐乃至苦痛，但依旧阻断不了贝尼尼在雕塑中散发出人文主义的光芒，正是因如此他才会成为一代雕塑大师。

让·安东尼·乌东（1741—1825）
用真实缔造最美的生命

> 只有性格的力量才能造成艺术美，所以常有这样的事，在自然中越是丑的，在艺术中就越美。在艺术中，只有那些没有性格的，或者是说毫不显示外部和内在真实的作品，才是丑的。
>
> ——让·安东尼·乌东

法尔孔内之后，雕塑家乌东接过了法国雕塑的旗帜。乌东从小就对雕塑无限热爱，出身平凡的他创作了很多不平凡的作品。他经历了风云涌动的年代：美国独立、法国启蒙运动、拿破仑从叱咤风云到衰败……就是这样的环境才更让乌东认识到真实的可贵，倾其一生诠释了"真实"二字。他手中的雕像既单纯又有着灵敏的姿态，他留下的不是一块冰冷的石头，而是一个不羁的灵魂，倔强的品格是他作品中的精髓，人们赞美他"使石头具有了精神和生命"。

让·安东尼·乌东是18世纪法国杰出的现实主义雕塑家。他创作了诸多卓越的法国启蒙运动先驱者雕像，如狄德罗、卢梭、伏尔泰等。这些作品表现了法国资产阶级启蒙者的先进美学思想。乌东对于大师伏尔泰雕像的创作已经达到了痴迷的程度，一连创作了三件伏尔泰的雕像。乌东的艺术创作独具特色，他没有理会赶超时髦的洛可可艺术，也没有驻足于新古典主义艺术，而是一直在追逐着他自己的"本真"艺术。乌东的雕塑作品突出反映了当时的进步思想，保留了全部真实，延续了大师们永垂不朽的"传说"，让18世纪法国现实主义肖像雕塑达到顶峰。

乌东出身平凡，从小生活在凡尔赛的一个普通市民家庭中。父亲原是一位伯爵的看门人，在乌东7岁时，父亲由伯爵的管门人变成了皇家学院附属学校的看门人，这使得乌东从小就有机会每日接受艺术的熏陶。他每次到画室都会模仿那些学生的作品，还经常给他们提出建议，那时的乌东已逐渐显露出他在艺术方面的天赋，引起了学院老师们的关注。

1756年，乌东进入巴黎皇家绘画雕塑学院，其指导老师是雕塑家斯洛兹。除此之外，他在雕塑家勒莫安和比加尔那里也是受益匪浅。1764年到1768年，乌东作为美术学院的公费学生到罗马深造四年。在那里，乌东创作了供讲解解剖学使用的雕塑作品《人体解剖像》，并完成了《肌肉形体》一书，这在后来带给了他极大的声誉。不仅是艺术学校的学生会研读这本著作，就连医科专业学生也在研究它。青年时期的乌东在意大利完成了他第一批大理石雕像，如《圣布鲁诺像》《施洗约翰像》《埃科尔西》等，这些作品对人物心理表现客观、真实，在意大利受到极高的评价。

希腊、罗马以及文艺复兴时期的艺术之所以能够经久不衰，除了创造者的优秀技法外，最重要的是拥有美的灵魂，这一时期的雕塑艺术体现了"真、善、美"三者的高度融合。最美的艺术往往是对人民群众辛勤劳动的质朴写照，它反映了人类最真实的美。乌东对于这一点理解得很到位，他的早期作品《弗拉斯卡蒂的农村姑娘》就很好地表现了这种朴素且永恒的美。作品整体感强，没有过分的修饰，乌东用最朴实的表现手法赋予了人物最纯净的灵魂。显然，此时的乌东已经领悟到古代传统雕塑的精华要素。

在乌东生活的时代，巴洛克艺术在西方国家最为火热。意大利著名雕塑家贝尼尼的那种气势宏伟、充满动势的巴洛克雕塑艺术对当时西方雕塑界影响极大。这引起了一股模仿"贝尼尼风"的热潮，这些作品中虽有佳作，但也出现了不少表面化的劣品。贝尼尼对乌东的影响也是极大的，与贝尼尼庄重华丽的表现技法相比，乌东的艺术手法更为朴素，但是在他的一些作品中，乌东对于情感的细腻流露与贝尼尼十分相似。对于艺术来说传承和发扬固然重要，但更重要的是艺术家本身对艺术的理解、认识以及创造性的思维。

18世纪70年代，乌东的雕塑创作开始进入鼎盛时期，他痴迷于对人物肖像的刻画。乌东创作的肖像作品大多为胸像。自达·芬奇的《蒙娜丽莎》开始，西方注重对于手的刻画，认为手较之人物的面部表情来说，所传递的情感更为生动、深刻。而胸像则少了"手"这一有力传播情绪的"工具"，所以眼睛成了表达情感的不二之选。中国古代画家摹写人物时最注重眼睛，画圣顾恺之更是反复强调眼睛的传神在绘画实践中的重要性。乌东也十分注重对于眼睛的刻画，他突破了传统程式化的创作手法，善于利用光影创造奇幻效果，眼睛仿佛在呼吸着。乌东对于人物雕塑作品中眼睛的刻画堪称神奇。

在众多雕塑家中，雕塑作品大多以历史人物、宫廷贵族为创作模板，也有以情人为创作模板的，如罗丹、毕加索等。而以自己的家人为模板创作出的雕

乌东夫人

塑作品却不多，艺术家们似乎不愿他人触碰自己的家庭关系。乌东则不然，他能够很自然地将自己对家人的爱以雕塑的形式呈现于公众面前。乌东在1786年与一位出身官僚家庭的女子结婚，1787年为妻子谢西利创作了一件胸像——《乌东夫人》。谢西利幸福欢快的笑容显示出这位妇人"愉快温婉"的性格特征，同时也是两人婚后生活甜蜜的写照。

1768年末，乌东回到了法国，很快就在美术界站住了阵脚。机缘巧合下乌东与狄德罗等百科全书派的思想家亲近起来，这对他之后的发展起到了很大的作用。在启蒙运动以及这些思想家的影响下，乌东开始了以服务社会为目的的艺术创作活动。

1771年，乌东用赤土创作了一件狄德罗的胸像，这是一件具有新古典主义风格的作品。《狄德罗胸像》看起来略显粗糙，作品上甚至还留有雕塑家揉塑时双手

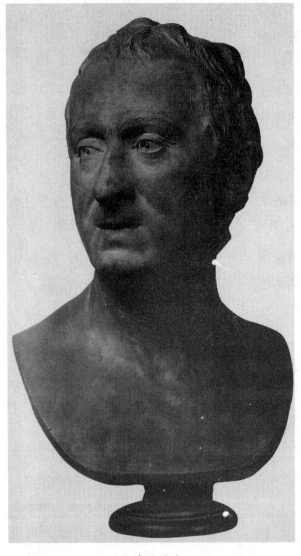

狄德罗胸像

的印记，但作品本身却是能够经得住推敲的。塑像充分显示了一位学识渊博的启蒙运动思想家的睿智。在乌东的手中，这尊雕像仿佛是记录了狄德罗思考未来的一瞬间。雕像本身就是狄德罗的一种新哲学思想的表达，而这种恰如其分的表达正是由于乌东对于狄德罗由衷的尊敬、钦佩才使得雕像如此活灵活现。在严格恪守古典主义精神的同时，乌东又注意到了对人物本真的体现，这对人物没有透彻的了解是不可能达到的，这也是乌东作为一位雕塑家的可贵之处。

罗丹说："在艺术中，有'性格'的作品，才算是美的。"用这句话来评价乌东的肖像雕塑是再恰当不过的。乌东的肖像雕塑之所以让人百看不厌，其原因就在于他作品中的人物性格表现得生动、丰富且深刻。世界上没有性格绝对相同的人，也因为如此生活才这么丰富多彩。我们仔细欣赏乌东创作的伏尔泰雕像，不难理解罗丹所说性格就是美的真正意义，"性格"就像是每件雕像的灵魂。

伏尔泰是18世纪法国著名哲学家、戏剧家、诗人，也是启蒙运动的重要领袖之一。他从年轻时就通过写作从事反封建斗争，因此饱受封建统治者的迫害。1760年以后，伏尔泰定居在法国和瑞士边境的菲尔奈，准备随时逃脱追捕。他在菲尔奈仍继续从事写作，并与欧洲各国人士保持联系，宣传反专制、反教会的启蒙思想。直到1778年2月，耄耋之年的伏尔泰才从菲尔奈这个"半流放地点"带着胜利的心情回到巴黎。

乌东很早就渴望为伏尔泰创作塑像，但他没办法去菲尔奈与伏尔泰直接交流，他的愿望无法实现。如今伏尔泰已经回到巴黎，乌东当然不会错失这个机会，他马上去拜访伏尔泰，征得伏尔泰的同意之后就开始为他制作塑像。

伏尔泰虽是以胜者的身份回归巴黎，但此时老迈的伏尔泰已是心力交瘁，无法长时间为乌东做模特，所以乌东在潜心创作伏尔泰坐像之前就开始抓紧时间收集素材。他从伏尔泰脸部翻了一个"活人脸部模印"，以求精确地获得伏尔泰脸部尺寸比例和肌肉骨骼结构关系。完成素材的收集后，乌东就以不同手法、不同材料制成了伏尔泰的许多件胸像，且完成速度让人惊叹。面对乌东极大的创作热情，伏尔泰为之深深感动，多次为乌东做模特儿。

其实在乌东之前，已有好几位法国雕塑家为伏尔泰制作肖像雕塑，但他们的作品却不如乌东的《伏尔泰像》那样成功。1770年，郎贝尔、狄德罗和作家格林等曾为制作伏尔泰雕像发起过一次募捐行动。比加尔还特地跑到菲尔奈访问伏尔泰，他画了一些伏尔泰的速写，也曾从伏尔泰的脸部翻过"活人脸部模印"，比加尔回到巴黎后，制作了一件伏尔泰的裸体全身像。比加尔的原意是想要将伏尔泰塑造得跟古希腊哲学家一样伟大，他认为裸体有利于突出伏尔泰出淤泥而不染、纯粹真实的品格。然而作品问世后却惹人非议。瑞典国王古斯塔夫二世当时正在巴黎，看到这件作品时甚至挖苦说："将乐意为这件雕像捐献一件袍了。"

由于有比加尔等人的前车之鉴，乌东经过深思熟虑后才开始制作《坐着的伏尔泰像》。他力求运用雕塑语言恰如其分地将伏尔泰的身份和气质表现出来。在雕塑《坐着的伏尔泰像》中，伏尔泰身上穿着宽大的袍子，有着古代罗马人着装的味道，而古希腊罗马式服装往往是用来标榜自己不同凡俗的身份。乌东把伏尔泰的形象处理为穿着袍子的"普通人"，这就使雕像本身具有鲜明的时代特征和社会意义。此外，伏尔泰平时就经常穿着一件宽大厚重的袍子用以防寒，乌东

VOLTAIRE.

坐着的伏尔泰像

的作品显然符合这个事实。在雕像中，这件袍子的大片的衣褶自肩部和膝部自然垂下，呈现出袍子下面人体的准确结构。在这次大型坐像的创作中，乌东摒弃了假发，让伏尔泰露出他那半秃的头，以最本真的外在形象去表现伏尔泰内在的洁白、质朴。伏尔泰的头发自宽大而半秃的头顶下垂到耳部和颈部，头顶系着一根缎带，据说乌东的本意是要用这根缎带来象征法兰西喜剧院赠给伏尔泰的那顶光荣的桂冠。这些服饰道具细节的选择是煞费苦心和成功的，它们有助于衬托伏尔泰作为伟大思想家的精神面貌。

在《坐着的伏尔泰像》中，最主要的还是伏尔泰的面目细节特征。伏尔泰的容貌有点像老婆婆，对此乌东毫不掩饰地加以表现，历史上的伟大艺术作品总是能够按照客观现实的本来面目反映真实。伏尔泰的脸部表情，是通过他的眼神、嘴角、鼻翼以及整个脸部肌肉的抽动等具体细节加以表现的。在乌东的这件作品中，伏尔泰表情复杂，似乎在思考事情，他的内心时而明朗时而忧愁，乌东就是抓住了这种种思绪转换的瞬间，使得静态的雕塑艺术瞬间迸发出强劲的生命力。伏尔泰脸部的皮肤皱皱巴巴地覆盖在他那几乎无肉的头骨上。这个头部的结构使人联想起乌东早期作品《人体解剖像》的头部，但他的脸部表情却显示出炽热的生命活力和不可摧毁的精神力量。乌东作为伟大的现实主义艺术家，他拥有发现美的直觉，他也善于表现美，因此他才能把那个掩盖在宽大袍子下面的矮小瘦弱的伟大灵魂充分揭示出来。

作家格林在自己的文章中提到伏尔泰的胸像时说："乌东先生可能是第一位懂得怎样塑造眼睛的雕塑家。由于光线效果被运用得如此精巧，以至这一双眼睛显得炯炯有神。因此当格莱兹第一次看到这座胸像时，竟以为这双眼睛是用某种材料制成的。"乌东在创作他的大部分雕像时，关于人物的眼睛，乌东有着自己的独特表现方法：他有时在雕像的眼睛部分挖一个深孔，以表示瞳孔；有时在这部分划上小圆圈的凹槽，以显示虹膜的光泽；而更多时候，他会把虹膜部分挖掉，并在瞳孔的部位挖一个更深的孔，同时保留一小块雕塑原材料，使之覆盖在虹膜上，造成一种奇幻的光影效果，使得雕像的眼睛极富神采，感觉真的会转动起来。

在乌东之前就已有人研究过眼睛的表现技法。古希腊罗马的雕刻家们曾经采用染色和镶嵌等方法来表现眼睛。乌东之前的法国雕塑家科阿塞伏曾在雕像的眼睛部分划一道圆圈形的浅凹槽或是把眼珠挖成浅凹口，意大利文艺复兴时期和17世纪、18世纪的雕塑家们经常使用这类手法。乌东在继承和发展前人技法的同时加以巧妙运用，尽量避免雕像的眼睛直接注视观众。根据内容的需要，他把雕像的眼珠转向某一特定方向这成为了乌东的原创。乌东在制作《坐着的伏尔泰像》时，他根据雕像头部的动向，把眼珠的视角处理为看向更远的地方。人的眼睛是最传神的，乌东的《坐着的伏尔泰像》之所以能够深刻地表现出伏尔泰本人的内心活动，就是乌东精心打造的那双"本真之眼"所体现出来的。

在制作伏尔泰的雕像时，乌东曾从伏尔泰本人身上翻铸过一个"活人脸部模印"，这样的手法之前比加尔在制作伏尔泰的雕塑时也曾用过。所以，一些西方美术评论家以此挖苦乌东，说他是依靠"抄袭"这些"脸部模印"起家的。其实这不过是一种恶意的攻击。乌东的另一件著名肖像雕塑《莫里哀胸像》，现存于巴黎法兰西喜剧院，创作这件作品时，乌东就没有使用取自真人脸部印模的塑像方法。

莫里哀是法国历史上最伟大的喜剧作家，乌东为他制作胸像时他已去世一百多年了。1776年，法兰西喜剧院为了纪念莫里哀这位"法国喜剧之父"，委托乌东创作一件莫里哀的胸像。乌东所能获得的莫里哀唯一形象参考资料是画家明雅尔所做的一幅油画临摹品。这幅作品画的是莫里哀在《庞培之死》一剧中扮演恺撒大帝的形象。因为明雅尔的油画原作当时为私人所藏，乌东连这幅画的原作都没有亲眼见到过，只能以那件临摹原作的劣质品为依据来创作雕像。两年后他完成这座胸像时，才有机会看到明雅尔的那件油画原作。乌东看到他所塑造出来的莫里哀形象与明雅尔油画中的戏剧家形象十分相似，这才松了一口气。

乌东的《莫里哀胸像》在外形上是否与莫里哀本人相像，这是肖像雕塑最基本的评判标准。乌东的《莫里哀胸像》之所以能够获得成功，主要原因在于他所关心的不仅有历史考据，还有莫里哀在生活中所展现的气质。在乌东的这件雕塑作品中，莫里哀的长发流畅地垂在他的肩部，他的头部做着激烈而自然的转动，暗示着一个刚完成的动作或运动。这个姿态相当生动，它反映出了莫里哀那种对周围事物有敏锐感受的活泼性格。由于头部的扭动，莫里哀的头发被甩在身后，从而增添了形体的动感和装饰感。莫里哀的眼神尖锐灵活，作家格林当时曾对这个雕像赞美说："他（莫里哀）的注视直透人们的心。"莫里哀的嘴唇微张，似乎正在说一些机智调皮的风趣话，他的打扮很随便，和他那豪放不羁的身份正好符合。

乌东的雕像作品能够充分表现出人物的思想、精神以及个性，这与他注重观察和理解对象密不可分。他创作人物雕像在造型准确的基础上，更关心人物的生活经历、信仰、思想、性格等非表面上的东西。为追求更完美的肖像雕塑，他可以废寝忘食、可以不分昼夜，甚至可以漂洋过海。在创作华盛顿的雕像时，乌东为了研究华盛顿本人的形象，不厌路途遥远，亲自去了美国，而在乌东那个时代，去一趟美国并非像现在那么随意。

乌东的艺术创作到达巅峰是在启蒙运动时期。在他晚期创作的雕塑作品中，其表现力开始呈现衰退的迹象，尤其是在拿破仑执政期间。乌东不能够适应"新古典主义风格"，只能在这个新趋势中随波逐流，他的作品也显得无所适从。1814年，乌东完成了亚历山大一世的胸像后便不再创作作品，而只是在皇家学院从事教学工作。1828年7月15日，乌东在巴黎去世，为洛可可雕塑艺术时代画上了一个圆满的句号。

在雕塑创作上，乌东无疑是优秀的，在艺术上他拥有自己独特的见解，他一生都在为自己的雕塑艺术不懈努力。他的作品没有繁复的装饰，朴实中透露着活泼的气息，反映了当时的进步思想。乌东是一个很忠实的人，他忠实于保留全部真实，认为雕塑艺术最宝贵的就是本真性。他忠实于自己的家庭，家庭成员之间最纯然的亲情让他变得格外温柔，这种温柔也悄然融入到乌东的作品中，使得他的作品总是透露着淡淡的亲切感。

安东尼奥·卡诺瓦（1757—1822）
我只是单纯地热爱那些古物

我要通过这些充满意味的大理石作品来体现出美。

——安东尼奥·卡诺瓦

卡诺瓦是新古典主义时期出色的雕塑家，他一生始终保持着对希腊罗马时期古物的痴迷，其艺术创作深受古物的影响，通过研究古物来寻找艺术创作的形式语言，以古物为参照进行艺术创作。古物的影响在他的艺术风格形成过程中起到了决定性的作用，并贯穿了卡诺瓦一生的雕塑创作。

1757年，安东尼奥·卡诺瓦出生在意大利威尼斯附近一个叫作波萨尼奥的小村庄。波萨尼奥坐落于阿尔卑斯山余脉山麓，那里风景宜人，以出产优质大理石闻名。卡诺瓦的父亲和祖父都是石匠，受家庭环境影响，卡诺瓦从小就喜欢绘画和雕刻，9岁的时候就已经是祖父的得力助手了。卡诺瓦的童年没有太多美好的回忆，在他幼年时期父亲就去世了，母亲不久改嫁，就只有祖父关心小卡诺瓦。当卡诺瓦到了能够拿画笔的年纪时，祖父开始教他画画。相对于绘画，卡诺瓦更喜欢拿起刻刀雕刻，他时常会去祖父的工作室观摩，不到10岁他就展现出在雕塑方面的惊人天赋。

年少的卡诺瓦因为家境贫穷，只能在当地的一个公爵家中做仆人，在厨房干一些杂活。一天，公爵在家中大摆晚宴，邀请了一些社会名流。在晚宴开始之前，管家发现摆在餐桌上的甜点装饰品被损坏了，在这紧急关头，卡诺瓦请求管家让自己试一下，管家迫于无奈只好同意，谁知卡诺瓦竟以极其娴熟的手法将一大块黄油在短时间内雕刻成了一只蹲着的狮子。晚宴开始后，客人陆续走进餐厅，这些客人中有高贵的王子、威尼斯著名实业家、傲慢的王公贵族以及眼光挑剔的艺评家，但当客人们看到餐桌上那只蹲着的黄油狮子时，都不禁称赞起来，结果这次晚宴变成了黄油狮子的观赏会。卡诺瓦也因此有机会得到威尼斯著名雕塑家托莱托的垂怜，被托莱托收为学生。卡诺瓦跟随托莱托学习期间受益匪浅，这也为他以后更好地学习艺术打下了基础。

1771年，卡诺瓦离开了托莱托的工作室，开始独立创作。卡诺瓦的第一件雕塑作品是《俄尔普斯和欧利蒂斯》，这件作品着重表现欧利蒂斯在地狱烟火中的状态。该作品受到大众的广泛赞誉，为此，修道院还特意为卡诺瓦提供了一间工作室让他安心地进行雕塑创作。卡诺瓦开始在修道院研究人体解剖，有时还会到学院里学习，但更多时候，他还是选择从自然中汲取养分。

成名后的卡诺瓦为了更好地学习和发展，决定到当时的艺术之都罗马去磨砺自己。1780年12月28日，卡诺瓦在威尼斯元老院的资助下来到了罗马。在罗马，卡诺瓦接触到了很多古代作品，他倾慕于古代艺术品的优雅气质，一种由情愫编织的绳索将他与古代艺术品捆绑在一起。而此时，新古典主义实际上已经在绘画、雕塑、建筑等领域获得了全面胜利，人们再一次掀起了重振古希腊、古罗马艺术的热潮，卡诺瓦更是一马当前，其作品得以被推崇的原因很大程度上也在于人们对古希腊艺术的怀旧情结。

1795年，卡诺瓦回到了威尼斯为《安杰罗·伊莫纪念碑》奠基，他看到广场、庭院和街上有许多被忽视遗弃的古代残块，他向共和国倡导保护这些遗物，但在当时却没能实现这一愿望。收藏空间的缺乏、政治时局的混乱、威尼斯的沦陷，种种因素阻碍了卡诺瓦建议的全面实施，从此成为卡诺瓦一生执念的事情，可见卡诺瓦对古物热爱的情感已深入骨髓。

卡诺瓦的作品多取材于希腊神话故事，如《意大利的维纳斯》《珀耳修斯举着美杜萨的头》《丘比特和普赛克》等，其中作品《丘比特和普赛克》的成功

意大利的维纳斯

给卡诺瓦带来了极高荣誉，也给他带来了更多的订单，声名远扬的卡诺瓦在随后的几年里创作了大量作品。1798年，法国军队入侵罗马，卡诺瓦不得不回到家乡。次年，他返回罗马，但其健康状况已大不如从前。身体情况稍微好转一些后，他便应邀前往巴黎，为拿破仑及其家族做人像雕塑，其中《帕奥莉娜》是卡诺瓦在这一时期创作的最杰出的作品。

卡诺瓦自1780年定居罗马起，到1822年去世这段时间，可以说是卡诺瓦艺术创作的黄金期，他大部分时间也都是在这个艺术之都度过的。卡诺瓦通过在罗马工作室墙外围展示古代大理石的残块来宣传自己，并特意收集一些古代雕像躯体上的残块，他对这些残块不断进行改编和模仿。他收集的古物残块中包括许多手和脚，一些手握着的剑柄，还有一些残缺的希腊和罗马雕像，这些大都来自于遗址挖掘。

卡诺瓦一生都沉浸在研究古物的世界里，他成熟的艺术风格来源于这些古希腊罗马的雕塑，他研究古典艺术并对其充满了热情，他特有的天分和这个时期的审美趣味结合在一起，让他获得了新古典主义雕塑领域大师级的成功地位。

《意大利的维纳斯》是卡诺瓦参照公元前3世纪希腊半岛的《美蒂奇的维纳斯》而创作的。《美蒂奇的维纳斯》因文艺复兴时期被意大利美蒂奇家族收藏过，故得此名。18世纪，人们制作了很多《美蒂奇的维纳斯》的复制品，而关于雕塑复制方面，维纳斯这一形象一直以来都很受欢迎。

1796年6月，乌菲齐美术馆的馆长普契尼陪拿破仑参观了美术馆。拿破仑十分倾心于《美蒂奇的维纳斯》，并宣称如果托斯坎纳同法国宣战，他将把"维纳斯"运到法国。1800年，法国军队兵临城下，即将攻入托斯坎纳时，普契尼想起了那次谈话，将《美蒂奇的维纳斯》和一些重要的雕塑作品秘密地运往马勒莫城。虽然普契尼竭尽全力守护乌菲齐美术馆的收藏，但他还是被迫将《美蒂奇的维纳斯》交给了法国政府。拿破仑最终得到了《美蒂奇的维纳斯》。1803年8月，《美蒂奇的维纳斯》被运到罗浮宫。1815年，又和《望景楼的阿波罗》被一起运回意大利，同年12月27日抵达佛罗伦萨。人们将《美蒂奇的维纳斯》放回到原来的基座上，把卡诺瓦的《意大利的维纳斯》转移到了皮蒂宫。

作品《美蒂奇的维纳斯》被运到法国后已经破损，很多人认为应该让最出色的雕塑家卡诺瓦做一件雕塑来弥补这个损失。但卡诺瓦一直以来都不赞成复制古物，甚至在佛罗伦萨政府邀请卡诺瓦制作《美蒂奇的维纳斯》的复制品时，他也没有立刻答复。考虑到卡诺瓦对古物极度的崇拜，负责人后来写信给卡诺瓦说可以不用"照搬"《美蒂奇的维纳斯》，让卡诺瓦灵活地对其复制。1804年，他开始着手这件工作，历经七年时间完成了这件《美蒂奇的维纳斯》的"复制品"——《意大利的维纳斯》。

在荷马史诗中，维纳斯是宙斯和狄奥涅的女儿，狄奥涅在多多纳（希腊东北伊庇鲁斯的一个神谕）被看作是宙斯的妻子而受到人们的崇拜，但这一说法渐渐被希腊诗人所偏爱的另一种说辞所代替。他们认为，维纳斯是从爱琴海的泡沫里诞生的，出生后她首先在塞浦路斯岛上岸，因此，这块岛屿是她的主要圣地。维纳斯是自然界创造力和生育的化身，是美丽和性爱女神。因为维纳斯是从海上升起的，所以产生于公元前3世纪希腊半岛的《美蒂奇的维纳斯》是完全裸露的。《美蒂奇的维纳斯》和《意大利的维纳斯》相比较，可以看出卡诺瓦只是在大理石的光滑处理上模仿古代大师，在雕塑的比例、姿势等处理上受到了前者的影响。卡诺瓦在创作时加入了自己的想法，使每个局部都不同于前者，甚至头发样式都是他自己创造的。比较两尊雕塑可以看出两个雕塑的头部都转向左侧，姿

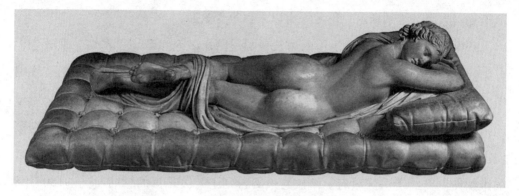

赫尔姆阿芙洛蒂忒

态大体相似，但身体的重心却落在相反的脚上。卡诺瓦塑造的维纳斯的手势和手臂较之前者更加生动自然。维纳斯似乎正在沐浴，当她发现有人在暗处窥探时异常惊讶，迅速遮住自己的胴体。《意大利的维纳斯》表现了卡诺瓦心中理想的女性美，这种美完全不同于产生《美蒂奇的维纳斯》的古希腊文化，它来自于卡诺瓦所生活的时代。《意大利的维纳斯》所表现出的羞怯是他那个时代所赞美的品质，这种羞怯勾起了人们的某些欲望。

在17世纪、18世纪，《赫尔姆阿芙洛蒂忒》是博尔盖塞博物馆中最著名的雕塑之一。在古希腊罗马雕塑作品中，有很多雕塑全身裸露，双性性征都很明显，这件趴在床上休息的《赫尔姆阿芙洛蒂忒》也不例外。赫尔姆阿芙洛蒂忒是阿芙洛蒂忒与赫尔墨斯的儿子，他是一名美少年，水仙子萨尔马西斯对他非常迷恋，希望能和他永远在一起，但反遭赫尔姆阿芙洛蒂忒的耻笑讥讽。为了报复赫尔姆阿芙洛蒂忒，水仙子趁他在自己的湖中玩耍时，进入了他的身体，与他结连在一起，从此赫尔姆阿芙洛蒂忒有着两性的特征与性情，赫尔姆阿芙洛蒂忒并成了雌雄共体的字源。后来人们就用赫尔姆阿芙洛蒂忒来形容具有雌雄两性器官的动植物，也指称同时具有男性特征和女性特征的人。

《入睡的宁芙》是卡诺瓦的绝世之作，其创作灵感直接来自于《赫尔姆阿芙洛蒂忒》。从这件作品的睡姿、双腿摆放的位置到对衬布的处理上，都能看到《赫尔姆阿芙洛蒂忒》的影子。但细微之处又有不同，如头的姿态、发型、床布，以及对女神脚的处理上，都能看出卡诺瓦的主观创作意向。

爱神吻醒普赛克

　　1787至1793年间，卡诺瓦创作了一件受到后人普遍喜爱的作品——《爱神吻醒普赛克》，现收藏于巴黎卢浮宫。《爱神吻醒普赛克》也被称作《丘比特和普赛克》，根据古希腊爱情传说为题材而创作。传说中的普赛克天生丽质，美貌非凡，为此遭到了维纳斯的嫉妒，维纳斯以种种理由与借口刁难、折磨和虐待普赛克，普赛克奉命去地狱为维纳斯取"睡眠"，当好奇的普赛克打开装着"睡眠"的盒子后，被迷惑而昏沉地睡去。雕塑《爱神吻醒普赛克》表现的正是爱神厄勒斯历经千辛万苦，终于找到了昏睡着的普赛克，厄勒斯去除了魔法，将普赛克轻轻抱起，从昏睡中醒来的普赛克伸出双臂，迎向爱神厄勒斯的一瞬间。

作品《爱神吻醒普赛克》充分显示了新古典主义所讲究的构图和造型，注重线条和动感的形式追求。爱神伸向空中的翅膀，用以支撑身体重量的厄勒斯有力的大腿和普赛克弯曲的双腿，使作品呈现出放射形状，具有了运动之势。而人物环抱着的手臂和一个俯身一个向上迎合的亲吻，使得运动之势中又具有了柔和与轻盈，动中有静，静中有动，动静相生，既夸张又浪漫，既刚劲又柔美。

《爱神吻醒普赛克》展示在罗浮宫极显眼的位置，光线充足，因此，表面本来就光洁晶莹的作品在光的衬托下更显得精致、高雅，加上作品造型独特，人物姿态优美，更为作品增添了光彩。

新古典主义的创作，既被统治者青睐，也为人民大众喜闻乐见。看来，真正优秀的艺术创作，是具有强大生命力的，正所谓"真金不怕火炼"，因此，精品意识应当是艺术创作努力的方向。同时，艺术创作还需要勇于冲破禁忌，就像是卡诺瓦创作的《帕奥莉娜》，如果没有雕塑主人公帕奥莉娜的大胆执着，就决不会留存下这座光彩夺目的雕像。没有丰富的想象，卡诺瓦也不会为人插上一副翅膀。因此，社会的开放，思想的解放又是突破窠臼、不断创新的前提。

卡诺瓦的《帕奥莉娜》往往会让观者流连忘返，这是一座由一整块大理石雕刻而成的古典女神式的雕像。雕像中的帕奥莉娜上身赤裸，随意自然地斜倚在两个枕头之上，目光怡然自得，神情摄人心魄。丰满的胸脯，弯曲的右臂在柔和的光线作用下如凝脂般洁白而富有弹性与质感。她右手扶鬓，左手捏着一个苹果，轻纱遮住腰腹和腿部，双足裸露在轻纱之外。像刚沐浴之后的小憩，又仿佛才睡醒后的缱绻慵懒。帕奥莉娜身下的床垫，松软而富有质感，床布皱褶的层次感和立体感极强，宛如真实的场景。

雕像的主人公帕奥莉娜是拿破仑的妹妹。帕奥莉娜年轻貌美，嫁给富有的博尔盖塞家族的卡米洛亲王之后她并不快乐，也许是倚仗国王哥哥拿破仑的权势，也许是出自天性中的不安分，过惯了纸醉金迷生活的帕奥莉娜在婚后依然我行我素，她认为自己的美丽可以同维纳斯媲美，于是找来卡诺瓦为自己雕像。

帕奥莉娜在与卡米洛亲王结婚之后，仍不时与在巴黎的情人幽会。卧榻上的帕奥莉娜那种神情的确让人感受到了这位性情中的美人正迎着世俗的眼光在罗马

帕奥莉娜

和巴黎之间随意去来的那份从容与执着。

冰冷的大理石在雕塑家精湛的技艺下具有了灵性。观众驻足于雕像前，此刻，不必做精细的研究与评价，只需去感受那一团充盈在心间细微的情绪。艺术家让那些本来不具生命的大理石富有了灵性，在这个杰作面前，哪怕只是短短的停留，感觉上都像是进行了一场艺术洗礼，仿佛嗅到了艺术的旖旎芳醇。

本就已经蜚声四起的帕奥莉娜，裸露上身的雕像在博尔盖塞家族中引起了轩然大波，于是，他们决定毁掉这座雕像。也许是出于对国王的畏惧，亦或是出于艺术魅力的感召，博尔盖塞家族没有这么做。于是，世间便多了这么一件绝美的艺术瑰宝。

马克思在《拿破仑第三政变记》中说："在罗马古典的严肃传统之中，资产阶级社会的斗士找到了理想与艺术形式。"这种理想与艺术形式就是新古典主义。新古典主义崇尚古代希腊、罗马的艺术观，尊崇自然，常常把现实中的人与古希腊、罗马的神话传说联系起来，《帕奥莉娜》雕像则完美展现了新古典主义的这种嗜好。此外，强调构图的线条美，追求线条流畅，讲究表面的光洁滑润和律动的形式感，对形式美极尽追求，这些都是新古典主义的突出特征。

卡诺瓦追求雕塑理想化的美，而肖像类雕塑却有悖于他的理想，所以，他会尽可能避免创作肖像雕塑。卡诺瓦创作一些肖像雕塑只是出于友谊象征或是尊重的表现，有时则是难以推托才委身接受。即便在他创作肖像雕塑的时候，他也会将理想化的古典主义意味加入到创作中去，他为拿破仑家族成员制作的胸像就体现了这一特点。强势的拿破仑家族一再要求卡诺瓦为他们做雕像，出于种种原因，他接受了这些委托。卡诺瓦说过肖像只有被认为具有优良的相似性才值得称赞，他将这些生活雕塑看作是表现永恒的原则，屈从于个人特点的仅仅是面部特征。肖像雕塑很难在这种表现永恒的方面得到提升，但是卡诺瓦做到了，他对艺术的理解推动他去发掘这种作为永恒艺术形式的胸像，使这种永恒的形式从肖像中分离出来。同时卡诺瓦反对做小于真人大小的雕塑。拿破仑家族成员这些已完成的胸像从面部特征上看，带有很强的家族相似性，比如莱蒂齐亚像、帕奥莉娜像、博尔盖塞胸像、约瑟芬胸像等。

卡诺瓦一生都在与古代雕塑艺术打交道，他的雕塑艺术承袭了古希腊、罗马雕塑优雅和肃穆的特点。但这种承袭与复制不同，卡诺瓦拥有自己对艺术的独特见解。在那个民众对古物疯狂痴迷的年代，卡诺瓦能够把持住自己，并不完全被古典艺术侵蚀，实为不易。尽管他有刻意追求动人效果之嫌，但他在新古典主义领域取得的成绩依然无与伦比。

托尔瓦德逊（1770—1844）
秉持最质朴的民众精神

国王太多了，但托尔瓦德逊却只有一个。

——托尔瓦德逊

如果说新古典主义时期不曾有过伟大的雕塑家，那么它毕竟还有这样两位雕塑家——卡诺瓦和托尔瓦德逊。他们是当时许多民众心中不可超越的大师级人物。尤其是托尔瓦德逊，这个来自北方偏僻之地的小市民，他带着乡土的淳朴气息来到罗马闯荡，为新古典主义注入了新鲜的血液。他就像是一位浪漫的诗人，以最质朴的民众精神谱写了一篇篇艺术的颂歌。

新古典主义时期，整个欧洲社会看似十分热衷于雕塑艺术，但这只是一种表面现象。由于当时德国的风气奴性十足，民众行为粗鄙，人们渴望雅典的古典气概、自由雅致的人文气息可以与之抗衡。人们从罗马人的美德之中看到欧洲宫廷的荒诞无耻，希望罗马豁达、明朗的政治氛围可以驱散社会之中的乌烟瘴气。正因为这种需要，人们才拜倒在古希腊、罗马的艺术面前。

托尔瓦德逊于1770年11月19日出生于丹麦哥本哈根。他的父亲高茨卡尔克·托尔瓦德逊是一个海岛上的居民，母亲卡兰则是朱特兰人。夫妻两人开了一个小小的装饰品雕刻店，但是在18世纪70年代，这样的店铺其收入不足以让托尔瓦德逊一家摆脱贫穷。父母没有多余的钱供他读书，托尔瓦德逊只好每天四处游荡。直到他12岁的时候，父亲的收入才稳定一些，于是托尔瓦德逊开始在自己家的店铺当助手。

托尔瓦德逊从小就喜欢绘画，家里的墙上、门上全是他的作品。一天，托尔瓦德逊父亲的一个朋友来到他的家里，看见了墙面上的画，便对他父亲说："我看这孩子很有天赋，你为什么不送他去艺术学院呢？"但他的父亲却说："他整天在那群孩子中胡混，已经成了这么个恶棍，今后还能有什么出息？"托尔瓦德逊知道这段谈话后，满脑子都充斥着"艺术学院"这几个字。他偷偷去找父亲的这位朋友去帮他求情，经过好几次的游说，父亲终于同意了托尔瓦德逊去艺术学院学习的事。在学院期间，托尔瓦德逊学习刻苦、认真，功夫不负有心人，1793年，年仅23岁的托尔瓦德逊因浮雕作品《圣彼得给瘫痪病人治病》而一举成名，并获得了学院的金质奖章。

1796年，托尔瓦德逊获得学院颁发的奖学金，继续去罗马深造。次年3月8日，他动身来到罗马。当时罗马正处于被侵略时期，拿破仑将梵蒂冈大量的珍宝和私人收藏的艺术品都运到了法国巴黎的罗浮宫里，使得很多经典艺术品浮出水面。刚到罗马的托尔瓦德逊，对这座古城拥有如此多的艺术品感到吃惊并赞叹不已。

托尔瓦德逊在罗马开始了自己的雕塑之旅。开始的时候他只是创作一些雕塑小样，经过时间的历练，他积累了创作大型雕塑的能力，他的第一件大型雕塑作品就是《伊阿宋像》。托尔瓦德逊对于他创作的这个作品非常不满意，没等拓出石膏模，就把它毁掉了，之后他又重新做了一件伊阿宋的雕像稿。而当他完成第二件雕像小稿的时候，他的奖学金用光了。迫于无奈，托尔瓦德逊只好回国。在第二天早上，回国的马车都已等候在门外的时候，他却被英国富有的收藏家托马斯·霍普拦住了去路。托马斯要求托尔瓦德逊留下来，用大理石将他第二次创作的《伊阿宋像》完成，并愿意为他预付工钱。托尔瓦德逊没有理由拒绝这样的好事，他留在罗马完成了这件大理石雕像，现在这件雕像就陈列在哥本哈根的托尔瓦德逊博物馆内。

托尔瓦德逊在情感上似乎没他在艺术事业上那么顺利，他的婚姻并不幸福，或者说他就从未正式结过婚。他同一位有夫之妇安娜·玛利亚·玛格南妮是同居的"不伦"关系。在同居期间，玛格南妮为托尔瓦德逊生了两个孩子，第一个是男孩，但早早就夭折了，第二个是女孩，名叫艾丽萨。虽然有孩子，但由于两人不伦的关系，因此，孩子出生后只得由托尔瓦德逊自己抚养。

托尔瓦德逊在罗马时人气很旺。巴伐利亚的一位王子十分喜爱艺术，这位王子就是后来的国王路德维希一世。王子经常到罗马各地游览，他喜欢在帝博附近的西班牙餐厅邀请一些艺术家共同用餐，托尔瓦德逊就是其中一个，也是最受宠爱的一个。王子对托尔瓦德逊的作品视如珍宝，对他本人更是赞不绝口。

托尔瓦德逊在罗马没有自己的土地，他向巴贝里尼王子租了一栋房子，房子的前身是皇宫的马厩，他有很多作品都是在这里完成的。他平时创作很随意，想到哪里是哪里，有时灵感来了就随意抽出一张纸，便开始在上面创作。他画底稿的过程总是那么无拘无束，笔尖随着他的思绪如同脱缰的野马，在纸上自由驰骋。但他在作品雕刻的阶段，却又变得非常严谨，不放过一丝细节。由于托尔瓦德逊在艺术上的声望越来越高，人们开始愈加关注他的一切，包括他的工作室。因此，他设在巴贝里尼宫的工作室成了当时罗马一个有名的参观景点，访问者络绎不绝，可谓是门庭若市、摩肩接踵，甚至罗马教皇本人也会到托尔瓦德逊的工作室去拜访他。

托尔瓦德逊在罗马生活了整整40年，1838年，年近七旬的他决定回到祖国，就像落叶归根那样。当时的丹麦政府派出军舰来为这位誉满全欧洲的雕塑大师接风，在码头举行了丹麦历史上空前绝后的盛大欢迎仪式，哥本哈根市的民众几乎全城出动。1844年3月24日，托尔瓦德逊在皇家大剧院的观众席上骤然离世，享年74岁。几天之后，人们在圣母教堂为这位雕塑大师举行了隆重的葬礼，全城响起了低沉而悲伤的钟声，在哥本哈根市的上空久久不能消散。人们默默地跟随在送葬的队列后面，怀着悲痛的心情护送这位伟大的雕塑家走向他的长眠之地。

时光倒回至托尔瓦德逊创作第一件大型雕塑作品《伊阿宋像》的时期，如果收藏家托马斯没能挽留住托尔瓦德逊，那么他今后的艺术之途又该是怎样的呢？

在新古典主义雕塑艺术中，以古希腊神话中的人物、故事为主干的作品可以说是多如牛毛。托尔瓦德逊作为新古典主义时期的伟大雕塑家，这一类型的作品

伊阿宋像

自然也不少。这件《伊阿宋像》就是根据古希腊神话中的故事创作出来的。伊阿宋是俄尔卡斯王国的继承者，他幼年的时候被自己的叔父珀利阿斯赶出了家，伊阿宋成年之后打算夺回属于自己的位置，老奸巨猾的珀利阿斯同意让出王位，但是需要他用金羊毛与之交换，于是伊阿宋就踏上了寻找金羊毛的艰辛旅程。这件雕像表现的就是伊阿宋历经千辛万苦取得金羊毛之后胜利归来的场景。

雕像中的伊阿宋赤身裸体，向人们展示着自己强壮健美的躯体。人物皮肤被打磨得非常平滑，肌肉线条流畅。伊阿宋的头上戴着古希腊传统的头盔，左手臂上搭着他的战利品，右手拿着短矛，并将短矛搭在宽厚的肩上，身上还配有一把短剑。任务完成后，伊阿宋迈开轻快的步伐赶回俄尔卡斯，感觉一身轻松，轻快的动作让人感受到他内心的喜悦之情，并且散发出勇敢神武的英雄气概。这件雕塑作品整体造型简洁流畅，毫不造作，展现出新古典主义雕塑所表现出的宁静和严肃。

托尔瓦德逊创作的《青春女神》也是一件以古希腊神话人物为主题的雕塑作品，又名《赫伯》。赫伯是宙斯和赫拉的女儿，是希腊神话中负责掌管青春的女神，同时她也是奥林匹斯山诸神的斟酒官。每当举办宴会的时候，她就会为诸神斟酒，这些酒会让诸神没有疲倦的感觉，并且可以永葆青春活力。虽然后来她嫁给了大英雄海格力斯，斟酒官一职被俊美的特洛伊王子所代替，但赫伯在很多时候还是以拿着酒壶、酒杯的女子形象出现的。在这件作品中，她的身段和服饰带有古希腊雕塑的影子，面目表情却不像古希腊女性雕塑那般沉静、温婉，而是给人传达了一种活泼、热情的青春气息，就像是一个纯情的邻家女孩儿。

《青春女神》的材质是大理石，大理石光洁、细腻的质地很好地衬托出了这位青春女神优雅、清秀的姿态。她温柔、含蓄，却又透露着一丝严厉，不是冷峻，但也让人不可侵犯。她的左臂向上弯曲，托起盛酒的容器，右手提着酒壶，自然垂下，尽管托尔瓦德逊手下的女神都比较具有亲和力，但他还是保留了女神应有的威严感。赫伯颔首站立，俯视着观者，与民众拉开距离，令人肃然起敬，在不经意间流露出其内在的典雅与高贵。

与同时期的卡诺瓦不同，托尔瓦德逊出身寒微。而卡诺瓦却有着伯爵的高贵身份，可以经常出入皇宫，备受国王宠爱，他本人也十分善于交际。虽然托尔瓦德逊也得到很多王族的赏识，但其身份还是与卡诺瓦有很大差距。作为一个忠厚老实的北方人，托尔瓦德逊更多体现的是基层民众的质朴与亲和。

在托尔瓦德逊的雕塑作品中，除了一些古典神话类的雕塑，还有他为国王、哲学家、诗

青春女神

人等制作的雕像，如1829年创作的《拜伦像》。拜伦是一位天才诗人，在如火如荼的民族解放的政治舞台上，他身着戎装，叱咤风云，变身成为民主和自由而战的坚强斗士。然而天妒英才，拜伦只活到了36岁，他被一些评论家称为是19世纪初英国"满腔热情地、辛辣地讽刺现实社会"的诗人。1813年至1816年，拜伦创作了《东方叙事诗》，塑造了一系列的"拜伦式的英雄"，他们高傲倔强，不满现实，要求奋起反抗，具有叛逆的性格，同时又显得忧郁、孤独、悲观，脱离群

拿破仑一世

众，我行我素，始终找不到正确的出路。

拜伦本人十分有个性，不管是在工作上还是在生活中，人们几乎没见他笑过。拜伦天生跛足，对此十分敏感，绝不允许别人对他的残疾进行评论。他对所有人都很严厉，对自己也是非常苛刻，总给他人一种不好相处的感觉。托尔瓦德逊为拜伦制作塑像时，认为他的表情太过严肃，就希望他能够有些笑容，或者表现得随意一些，结果拜伦却一本正经地回答他说自己平常就是这样的表情，这让托尔瓦德逊有些无所适从。因为他的人物雕像一般比较有亲和力，但出于对拜伦的尊重，他就将拜伦的表情照搬到了雕像上。而当雕塑完成时却带来了不同凡响的效果，人们纷纷为这件作品拍案叫绝。托尔瓦德逊的《拜伦像》真实地记录了这个伟大的诗人，也只有最"平常"的表情才能表现拜伦的得天独厚。

托尔瓦德逊除了为一些知名学者做雕像，他还经常为皇室制作塑像。托尔瓦德逊曾为拿破仑制作了一件胸像——《拿破仑一世》，这件胸像在1829年又被翻制成了大理石材质的雕像。在这件雕塑中，象征着帝国主义的雄鹰展开双翅托起了拿破仑的胸像，人物被刻画得威严而又深邃，既宣扬了拿破仑的傲人功绩，又具有纪念的性质。人们对拿破仑的评价有好有坏：一方面人们赞赏他，因为他赶走了贵族，取消了封建义务，使得各个阶级的人民在一定程度上能够获取自身利益，客观上起到了进步作用；而另一方面人们对他是敬畏的，或许也有憎恨，他发动侵略战争，给人们带来了无尽的灾难，在战争中损坏了许多物质文化遗产。而在托尔瓦德逊心中，拿破仑是一个真正的皇帝，所以托尔瓦德逊才会将《拿破仑一世》塑造得像天神一样，居高临下地凝视着芸芸众生。

托尔瓦德逊所有雕塑作品组合起来就是一曲千古绝唱，是民众生活中一切美好愿望、宝贵精神的不朽纪念碑。托尔瓦德逊在这座宏伟的纪念碑上刻写了理想化的社会生活。有人认为托尔瓦德逊的艺术是形式主义的，是冷冰冰的，其实不然。他的作品充满了普通民众那种朴实的温暖与亲情。

在托尔瓦德逊去世前，丹麦的青年设计师宾德斯贝尔为他设计了一座大型艺术博物馆，并以托尔瓦德逊的名字命名。在博物馆正面的墙上，别出心裁地装饰着描述托尔瓦德逊回到丹麦时的情景。托尔瓦德逊看到这个博物馆时高兴地说："你看，这个博物馆在微笑，简直像一朵鲜花。"托尔瓦德逊在有生之年没能等到这栋博物馆对外开放就去世了，直到他去世四年后，这栋博物馆才正式对外开放。博物馆内陈列着托尔瓦德逊生前的大部分作品，不仅有雕塑，还有一些他的绘画作品。这里放置的每件雕塑作品都是托尔瓦德逊生前精雕细琢过的，细致到人物皮肤上的纹路，甚至连血管都清晰可见，足见大师扎实的基本功。

托尔瓦德逊的雕塑艺术就像是新古典主义时期绽开的一朵太阳花，有着蓬勃向上的生命力。他从丹麦将普通民众的思想带到了罗马，把民众的美德同古典美的崇拜完美地结合在一起。在浮躁的时代，他的雕塑追求平静，就像是一场镇静大地的瓢泼大雨。托尔瓦德逊的灵魂就存活在他的大理石雕塑中，带着永恒的美，在人间咏唱最纯洁的颂歌。

弗朗索瓦·吕德（1784—1885）
浪漫主义先锋

古典主义的严谨和浪漫主义的激情始终贯穿于我的作品中。

——弗朗索瓦·吕德

曾几何时，新古典主义成为先进的代名词，象征着艺术发展的必然方向，令无数艺术家苦苦追随，甚至为之神魂颠倒，奉献一生。然而19世纪后，艺术家们安居于艺术院校高位，不再为了生计而拼搏，新古典主义也就失去了挑战洛可可艺术的力量。当一个流派失去了它的新鲜活力时，也就失去了其自身的价值，甚至会变得腐朽，需要新的力量将其颠覆。在这样的背景下，一大批新的思想纷纷涌现，并相继掀起了浪漫主义、自然主义、印象主义等一个个艺术思想高潮。新的思想激发人们用新的视角看待世界，新的艺术家们也为19世纪的法国增光添彩。这一时期中为浪漫主义先锋的吕德就出现了。

在19世纪的绘画界，学院派的安格尔和浪漫主义的德拉克洛瓦展开了一场唇枪舌剑的争辩。不管是哪个领域，没有质疑就没有进步，不同艺术理念的碰撞，反而会摩擦出灿烂的火花。虽然古典的学院派依旧掌控着话语权，却掩盖不住浪漫主义的光芒。很快，在雕塑界浪漫主义也找到了知音，以卡波尔、吕德等人为代表的以浪漫主义为精神的雕塑家开始不断涌现，他们将其情感熔铸于雕塑中，并重新尝试古希腊罗马的古典创作方法，制作出许多独具匠心的优秀雕塑作品。富有浪漫主义激情的他们将自己的主观情绪置于理性之上，用大理石和青铜凝铸雕琢出一个个不朽的形象，这些雕塑形象直到今天仍如嘹亮军号般鼓舞着人们的热情，生生不息。

1784年，弗朗索瓦·吕德出生于法国中东部的第戎。吕德出身于工人阶级

家庭，为了贴补家用他
经常帮助父亲一起修造
炉灶。1809年，他从第
戎的艺术学校毕业后又
到巴黎学习，拜雕塑家
皮埃尔·卡特里埃为
师，并在其工作室做助
手。后又移居巴黎，并
在1809年和1812年两次
获得"罗马奖"。获得
这个奖项可获得政府的
奖学金，并获得去罗马
学习艺术的机会，但他
都因为当时法国政治局
势不稳、国库空虚而未

拿破仑永垂不朽

能前往深造。吕德的青年时期正是拿破仑叱咤风云的时代，他经历了法兰西最
为动荡的年代，与同时期的音乐家贝多芬一样，视拿破仑为偶像，并甘愿为之
效力，吕德主动制作了许多拿破仑像，其中包括《拿破仑永垂不朽》等杰出雕
像，并积极参加当时的帝政活动。

　　然而偶像也有坍塌的时候，波旁王朝的复辟打碎了拿破仑激情的梦想，吕
德自己也遭受迫害，只得去布鲁塞尔工作，在那里他与拿破仑女儿的朋友索菲
结婚。流亡生活使他备感痛苦，在异国他乡度过的十余年流亡时光里，吕德在
雕塑上也并没有大的成就。直到1831年回到巴黎后，在法国人民革命浪潮的鼓
励下，他逐渐成为一位浪漫主义雕塑家，他的作品既有古典主义的严谨，也富
有浪漫主义的激情。

　　1833年，吕德在巴黎的沙龙中展出了一件名为《那不勒斯渔童》的石膏
像，让他重新获得人们和媒体的关注。两年后，他又完成了该作品的大理石雕

那不勒斯渔童

像，然而这时的他已是知天命之年。只因社会的动荡让少年天才变成了一位"大器晚成"的雕塑家，令人唏嘘。

在《那不勒斯渔童》中，吕德雕刻的只是一名尘世间普通的少年，普通得就像是每天都能在身边见到的那些男孩子一样。这是一件充满生活情趣的杰作，渔童赤裸着身体，盘腿而坐，右手扶着泥沙地面，凌乱蓬松的卷发从随意佩戴的线帽里探出头。他所做的只是几乎每个男孩儿都做过的事情——与小动物戏耍。在渔童欢快的面容中，带有一种村野的质朴气息，特别是那蓬松的卷发更加显示出其性格上的无拘无束。渔童在劳作之余还贪恋着游戏，他用绳子套住一只小乌龟的脖子，乌龟想要挣脱却挣不开身，使它举足不前。看着笨拙的乌龟，男孩儿开心地笑起来，脚趾也随之挠动，巧妙地反映出儿童的天真可爱。《那不勒斯渔童》是欧洲雕塑史上的一件从古典主义过渡到浪漫主义的名作，然而对于古典的学院派来说，它却是一个极大的突破。因为这样的题材在古典的学院派艺术家们看来，普通男孩子的恶作剧是绝不能作为严肃的艺术题材，只有现实生活中的大人物或者是希腊罗马的神话故事才配得上这一"殊荣"，因而这件作品在当时引发了不小的争议和轰动。

在《那不勒斯渔童》这件充满童趣的作品中，还带有一丝新鲜的泥土气息，让看惯了矫揉造作陈旧相固的巴黎人，仿佛呼吸到世外桃源里的新鲜空气，令观者耳目一新，也轻轻拨动着他们的心弦。吕德在创作这件作品时，找了一个那不勒斯的小男孩当模特，他并没有让男孩刻意摆出造型，而是让男孩儿随意玩耍，在观察中选择一个最生动自然的姿态，用金字塔构图的方式，精心地将其雕刻出来。这件作品中，吕德通过完美的形象刻画和生动的写实技巧给人带来了视觉上欢愉和美的享受。这件作品题材新颖，富有独创性，同时也是吕德浪漫主义初期的代表作之一。我们从中可以看到古典的严谨性已然远去，取而代之的是闪烁着浪漫主义火焰的真诚。这种自我创新是吕德留下的无形财富，也是这件作品取得成功的原因。

1789年法国大革命爆发。面对革命，吕德心中的激昂之情难以自抑，他酝酿许久，希望能在自己的作品中表现义勇军的风采。当法国政府让他制作一组浮雕安放在夏尔格伦1806年设计的凯旋门上时，吕德知道机会终于来了。他对这个题目的构思具有连贯性，分别用四个场景表达：战争爆发、义勇军出发、战争场景以及人民对和平的期盼。设计稿中血脉偾张的形象、奔放张扬的构图，让人很自然联想到作者是如何激情绘图设计的。由于种种原因，直到1836年吕德才完成了第一件浮雕《1792年义勇军出发》，其余三个场景并没有制作出来，但这足以令他声名远扬。随着时间的推移这件浮雕又更名为《马赛曲》。

《马赛曲》原本是一首军歌的名字，吕德用它来命名这组浮雕是有深远历史背景的。1792年，法国大规模爆发了反对波旁王朝复辟的革命行为，在法兰西民族寻求民主的紧要关头，拿破仑让普鲁士军队进行干涉来维护法国的帝制。法国人民为鼓舞奔赴前线的义勇军，纷纷为他们传唱激昂雄壮的军歌——《马赛曲》，战士们在这首军歌的鼓励下勇猛作战并最终获得胜利，这首歌在革命结束后也成了法兰西共和国国歌。这件作品更改题目进一步增强了该雕像的感染力，因为在法兰西人民心中，它代表的是法兰西最悲壮的岁月。

马赛曲

"我们走吧！祖国的孩子们，光荣的那一天已经到来。对抗我们的是专制横暴，血染的旗帜已经扬起！血染的旗帜已经扬起！你们听，在旷野上，凶残的兵士们咆哮着，他们来到我们的臂膀间，屠杀你们的孩子，屠杀你们的伴侣。拿起武器！公民们！组织起来！你们的军队！前进！前进！"

浮雕《马赛曲》与军歌一样激情高亢。浮雕的内容是代表着正义和自由的胜利女神，女神展开双翼，手持利剑，怒指前方，振臂高呼指挥着战士们奋勇向前。女神迎风扇动的翅膀，猎猎飘扬的衣襟显示出她的英勇与无畏。她的身后无数的长矛、旗杆代表着千军万马，暗示这场战役义勇军将会如摧枯拉朽、钢铁洪流一样势不可挡。整座浮雕长8米，高23米，仅那巨大的规模就足以让它成为一座真正宏伟的浮雕作品。

在《马赛曲》中看似构图紧凑的人物浮雕模式却能表现出一种和谐的节奏：大量腿部的重复动感与俯身为鞋带打结的士兵手臂交叠在一起，为行军节奏增加了力度。这种模式有助于使构图形成统一的整体，让行进中的队伍显得既威严庄重又生气勃勃。如果说这画面上方是带有象征意味的宏观、虚构的情景，那么画面下方的六个义勇军战士则采用了现实主义的塑造和理想主义的构思。虽说只有六个人，却表现出大军在战斗中的一个缩影。中央位置是一个少年和一个中年人，我们可以将他们猜测为一对父子，父亲身材高大，刚毅的眼神、浓密的胡须、飘扬的长发都体现着成熟男人的阳刚之气，精美的盔甲为他魁梧的身躯又增添几分威武，在他的眼神中，既表现出对自由的向往、对敌人的仇恨，又细腻地流露出对儿子的爱护与企盼。儿子就在他身旁，这是一个看起来稚气未脱的少年，赤裸着的身体展现出青年人那特有的青春活力，少年的表情忐忑与激动交织，他为初上未知的战场而忐忑，也为实现自由的理想而激动。他仰头看着无比信赖的父亲，迈出坚定的脚步。这两个人的形象塑造上既有一往无前的豪迈，又有父子之间的柔情，这体现出真实的人性。

《马赛曲》画面中的其余四个人物虽是配角，但同样精彩。画面最左侧的战士侧转头颅，脸颊鼓鼓的，憋足了劲吹响进攻的号角。他身旁的战士正弯下腰去，手拉紧弓弦，用脚踏住弓，呈倒"U"形，年轻男子特有的坚实臂膀和宽阔后背都因弓的张力凸显出来。这两个战士既成功地营造出那种大战在即的紧张感，又丰富了整个画面。画面右侧有一名只露出头部的老人，年迈的他虽已不再具有战斗的力量，但他仍从那对父子的身后伸出苍老颤抖的手指，坚毅地指向未来、指向光明。在画面的最右侧是一名中年战士，他虽然戴着头盔，但感觉头发已花白了，他的神情中有一种久经战场的冷静，或许是见过太多的残酷场面才让他变得近乎冷酷的坚强，被阴影所遮盖的眼睛似乎若有所思，也许他在胜利后能放下手中的长剑与盾牌，和妻儿尽享天伦之乐。此时的他也许会战死沙场，会失去他所爱的一切，但为了保卫家园他无怨无悔。

《马赛曲》以其气魄宏大的构思、生动细腻的人物刻画、独具匠心的布局在雕塑史上占有重要的地位。它是汇聚了法兰西人民的勇气、眼泪和信念的一部史诗巨作。它如跳动不熄的火焰燃烧着人们鲜红的血液，又像奔流到海的江水将残酷战争中温情的人性情感娓娓道来。《马赛曲》诠释着一个真理：人或许会抛家舍业，或许会牺牲生命，甚至会眼看着所珍视的一切被卷进黑暗的旋涡中而不流一滴眼泪，这都是为了一种信念——自由。

有人认为《马赛曲》的浮雕构图过于拥挤，会因负荷过量从而失去平衡。但也有人认为，这里表现的是法兰西人民群众统一起义行动的主题，出现这样的现象是无可厚非的。这组浮雕的构图里虽没有明显古典风格的静穆倾向，但它所表现的刚劲之力使它与学院传统毅然决裂，让雕塑艺术从迂腐的常规中解救出来，让其构图在运动趋势中达到了自身的统一。

吕德是个敢爱敢恨、个性鲜明的雕塑家，作为法国浪漫主义的先锋，吕德一生都在和命运做着斗争，无论是忍受流亡之苦，还是主流艺术界的冷嘲热讽，都动摇不了他的创作。1836年创作的《马赛曲》是他事业的巅峰，然而种种客观原因使他并没有完成全部四面浮雕。同时还有大量不明事理的人斥责《马赛曲》过为"浮夸"，但吕德坚信作品并没有问题。只有理解他的构思和想法的人才能看懂他的作品。

吕德打破了西方古典主义的学院派美术传统，他的作品中不仅有古典主义的秩序感，还有人文主义的理性，但又不失他自己本有的浪漫。用写实手法塑造形象的同时他也在追求内心的理想美，他将个人情感寄托于自然形象，艺术的创造建立在个人感情的基础之上，这种突出主观感情从而表现人们的内心世界的方式使吕德的艺术语言更具感染力。

奥古斯特·罗丹（1840—1917）
生活中不缺少美，只是缺少发现美的眼睛

> 你们要记住：一件真实完美的艺术品，是没有任何一部分比整体更重要的。

> ——奥古斯特·罗丹

诗人但丁在欧洲文学史上的地位，正如罗丹在欧洲雕塑史上的地位。他是古典主义时期的最后一位雕塑家，又是现代主义时期最初的雕塑家。他将一只脚停留在古典派的庭院内，而另一只脚迈过现代派的门槛。也可以说，雕塑家罗丹将他在古典主义时期锻炼成熟的双手，用不为传统所束缚的创造精神，为雕塑的新时代到来打开现代雕塑的大门。被誉为现代雕塑之父的罗丹引领年轻的艺术家们蜂拥而入向现代奔跑而去。他的现代创作理念对欧洲近代雕塑的发展有极大影响，被誉为"现代雕塑之父"。

有人说天才是天生的，也有人说天才是后天努力的，奥古斯特·罗丹就属于后者。罗丹出生于1840年的冬天，他的父亲巴蒂斯塔·罗丹是一名警察署的小官吏，母亲玛丽·索菲亚是一个忠诚的基督教信徒。虽然家庭条件并不优越，但他的父母并没有忽视对罗丹的教育，从小母亲就带他去教堂礼拜，并送他到教堂学校学习。

奥古斯特·罗丹从小因为近视，看不清楚黑板上的字，所以罗丹小时候学习并不好，到12岁还不能完整地写出一篇文章。甚至在多年以后，有人发现他在素描习作上的字迹仍略显笨拙。罗丹的童年时光并不愉快，但也就此确立了罗丹对绘画的热情，他曾说过"我从几岁的时候就开始画画了"。父亲并不支持他从事艺术事业，但在姐姐马莉的支持下，他进入了巴黎美术工艺学校。在学校，起初

青铜时代

罗丹选择的是油画，但是他负担不起昂贵的油画颜料，无奈之下转入雕塑专业，而他也从此爱上了雕塑艺术。

罗丹的人生大致可分为三个时期。第一时期是学徒时期，他的老师是教堂、自然博物馆等，由于他并没有受到学院派的正规教育，雕塑学习以自己的研究为主。第二时期为奋斗时期，从《青铜时代》到《巴尔塞》，他不遗余力地发挥自己的艺术才能进行创造，这期间他创造了一个又一个无法逾越的高峰。第三时期是荣光时期，约为1900年后到罗丹去世，这个阶段是最为安静的时期，他在雕塑界得到无上的荣耀，不断给予后人以新的启示。

罗丹曾立志要进入法国巴黎美术学院，三次报考都未被录取。一个老迈的主持监考人甚至直接在罗丹的名字旁写道："该生毫无才能，继续报考，纯系浪费。"得到这样的评价，罗丹可谓受到了奇耻大辱。如果是一般人被专业级别的人这样定论，罗丹应该都垂头丧气打道回府了，罗丹并没有放弃。正因为他没有进入美术学院机械的学习，才有了与众不同的罗丹。

罗丹放弃考入巴黎美术学院之后，为了维持生计，他做过石膏制模工人、泥水匠、首饰匠、木匠等多种工作。但他始终没有放弃雕塑，他不断努力做尝试，希望能有人认可他的作品，但收效甚微。现实是残酷的，一直支持他关照他的姐姐去世了，接踵而来的打击令他彻底崩溃，他选择成为一名修道士。但是罗丹所在的修道院院长看出他对雕塑艺术的热情，劝其还俗并继续从事雕塑事业，让罗丹"用艺术为上帝服务"，这样又重新点燃了罗丹的信心。

决心重出江湖的罗丹，将之前所积攒的情绪都体现在《青铜时代》上。创作《青铜时代》时罗丹才25岁，创作灵感来源于米开朗琪罗的《大卫》像。这件雕塑以一名身材健美的士兵为模特，用了18个月完成。雕像描绘的是一名左手拿有棍子的男子，正准备行走的他因突然想起了什么事而怔住，缩回脚步，苦恼地揪着头发的样子。罗丹最初将其命名为《征服者》，但他的好友范·拉斯建议将木棍去掉，并改名为《青铜时代》。这样一改倒是十分贴切，让雕像有了更深的意义：它体现出"人类的觉醒"。旅法艺术家熊秉明认为它是"自我意识的诞生"，而奥地利诗人里尔克则称之为"行动的诞生"。这座雕像真实地反映出罗丹当时的个人心态：胆战心惊地迈出自己人生中最重要的一步，既欣喜又害怕的内心状态。

1884年，罗丹应加莱市的邀请制作一座忠魂碑《加莱义民》，内容为英法百年战争中加莱义民赴难的故事。义民赴难这一事件，源自于法国的历史年鉴：1347年，英国国王爱德华三世的军队将法国加莱城包围，长时间被围困的加莱城百姓在严重的饥饿和困乏之中无奈向英军求和，英王同意赦免全城，但也提出了苛刻的条件：要求该城最有威望、最受尊敬、最有才华、地位最显要和最富有的六个人身着麻衣，光头赤足，颈上套着绳索，前去献出城门钥匙，并代替全城百姓受死。加莱市本要求罗丹制作一个义民为代表，但他在了解这个故事之后，答应收一个雕像的报酬而制作六个雕像。《加莱义民》既体现出这六个人的恐惧、害怕、绝望等真实情感，也表现出义民们为了城市人民的安危大义凛然的样子。此时的罗丹正处于艺术创作的旺盛时期，他的眼界从单个人的自我上升到大群体，从而创作出了经典的悲剧群雕。

不只罗丹的作品中表现出人类心灵悲苦，这个时期的艺术流行氛围仿佛就是悲剧气氛，这不得不说是19世纪末西方的奇异现象，也被直呼为"世纪末现象"。但是越是悲情就越显浪漫，人们需要为现实的痛苦找到一个发泄口，这样才可以回归到正常的生活中。

艺术家在作品中去宣泄郁闷悲苦的情绪有两种原因造成：一方面是基督教世界危机的加重；另一方面是艺术家在面对物质与精神对抗中产生的"杞人忧天"的敏感。他们需要强有力的内心支撑，即来自生活和自然中的苍凉产生悲壮的

加莱义民

力量。康德在《判断力批判》中说："自然之所以在我们审美判断中成为壮美，不是因为它激起恐惧情绪，而是由于能唤醒我们自己的力量。"纪念碑《加莱义民》具有召唤这样力量的作用，美国作家戴维·维斯在《罗丹的故事》描述该作品的落成仪式上罗丹亲身体会到的悲壮力量：一个孩子好奇地伸出手想轻抚领头的义民；另一个孩子越过栅栏攀上基座，盯着雕像的眼睛却哭了起来。加莱市的人民把这组雕像当成是他们自己的亲人，人们仔细看着雕像，愈发变得沉默。当罗丹走向塑像时，安静的人们自动让开一条路，站在《加莱义民》的前面，罗丹感受到这些人深深的敬意。或许在加莱人民的心中，六位义民的受难如同耶稣基督的受难一样。罗丹和康德在不同领域解释着耶稣式的悲剧品格。

在巴黎塞纳河南边梵伦纳小路77号，坐落着占地约8万平方米的罗丹博物馆，也是罗丹生前最后的住所。1916年罗丹将自己全部作品捐赠给国家，来换取政府为其提供住房以及工作室。正因如此6600座雕塑作品如今得以完整保存，成为我们了解罗丹的第一手资料。

在罗丹博物馆入口处的《地狱之门》十分显眼，这座群雕是罗丹以但丁《神曲·地狱篇》内容为基础而创作的。《神曲》讲述但丁在黑林中迷路，危急时刻得到维吉尔的帮助，并与之结为伙伴跟随他穿过地狱和炼狱。《地狱之门》一共刻画了186个人体，群体雕塑勾勒出全体人类的悲壮，其中有几个形象被独立发展的雕像，例如《思想者》《吻》《三个幽灵》等经典之作。

　　"从我这里走进苦恼之城，从我这里走进罪恶之渊，你们走进来的，……把一切的希望抛在后面吧。"这是《神曲·地狱篇》中但丁进入地狱时的吟唱。苦恼之城、万恶之源的地狱就在这扇大门之后，罗丹几乎将近代文明的罪恶都集体表现在这扇"门"之上。《地狱之门》刻画出人类不断为恐惧、情欲、理想、痛苦而挣扎的形象，混杂着希望、破灭、衰老、死亡等种种情感。门最顶上的三个幽灵相对而立，三人头部互相靠近，每人都伸出一只手臂指向下面的地狱。他们是恶魔的引导者，亦是罪恶的

地狱之门

开始，越往下罪孽越大。下面是大名鼎鼎的"思想者"，中间分开两扇门，一边刻画的是想吃人肉的饿鬼，另一边是热恋中的年轻男女在逐渐走入地狱，周围有着各色各样的恶人、暴君、奸贼等等。《地狱之门》用借喻的方法真实地反映出一个错综复杂的黑暗社会，一组组扭成　团的形象是罗丹对当时下层社会悲惨灰暗的抽象写照，如同是米开朗琪罗的《最后的审判》一样是对现实社会现象做出的最后的审判。他虽然以但丁的诗篇为蓝本，但他手下塑造的形象都分别具有不同的现实意义，有人评论说罗丹是通过《地狱之门》"揭示了法国现实生活的悲剧"。这扇《地狱之门》原定1884年完成，但是他一改再改，直到他逝世也没有完成。

　　罗丹的情感生活中有一位不得不提的女人——卡米尔·克洛岱尔。克洛岱尔

吻

是罗丹的学生、助手兼模特。青春活力的人性美都是吸引人的，罗丹对这位20岁的法兰西姑娘亦是如此。女性的人体纯美以及诱惑在卡米尔身上体现得淋漓尽致，在她身上罗丹找到了无穷的雕塑灵感源泉。二人彼此相互吸引、相互需要和相互占有，却又如抱在一起的刺猬，相互折磨、彼此挣扎。正是这样诡奇复杂的情感，激发罗丹具有不可知的魔力狂情进行创作，让这些作品拥有永恒的文化魅力。1894年，对爱情绝望的卡米尔离开罗丹开始独立生活，两年后罗丹为了回忆他们之间的情感创作出雕像

《吻》。这件作品同样取材于《神曲》，他塑造了两个不顾世俗诽谤的爱人在幽会中热烈亲吻的瞬间。两个恋人优雅、细腻的肌体与姿态，产生极为生动的光影效果，表现出非凡的青春热情和生命。有人认为："艺术家的第一个目标是使自己自由，并且靠着他的作品传述给其他一些有着同样被抑制的愿望的人们，他使这些人得到同样的发泄。"情欲虽然被人认为是罪恶的，但一定程度的情欲亦可成为艺术创作的源动力。

再漂亮的女人都会有衰老之时。这尊名为《老妇人》的雕塑，也是罗丹的代表作之一。这位赤裸着上身的老妇人，体态佝偻、面容丑陋，整体表现出无尽的沧桑感。这座雕像的原型是15世纪法国诗人维龙的《美丽的欧米哀尔》，欧米哀尔是名头盔匠的妻子，年轻时漂亮迷人，她拥有女性所有的魅力：顾盼生辉的眼睛、丰满的乳房、金色的头发、秀丽的玉腿。然而这尊雕像中，年老

老妇人

的欧米哀尔低垂着头，屈膝而坐，皱纹如荆棘般布满全身，两臂似枯枝般垂落，双腿则像两根脱水的腊肠，松弛的腹部以及干瘪的乳房都在强有力地证明：老妇人失去了女性美的一切。她似乎也意识到了，双眼直盯在自己丑陋的躯干上，神情中充满痛苦。失去容貌的女人如同失去羽毛的孔雀，缺少了"羽毛"的保护，女人变得更加脆弱可怜。罗丹近乎残忍的真实，将老妇人这一悲剧形象刻画得淋漓尽致，使人们在欣赏《老妇人》时，会激起强烈的视觉冲击。这种精神震撼不亚于激烈的诗句，正如葛赛尔所说："雕塑家的才能不在诗人之下，相反地，他的作品在激起人的战栗这一点上，也许比大诗人维龙的粗鲁的诗句，来得更惟妙惟肖。"

巴尔扎克是19世纪法国文坛的巨星，罗丹十分喜欢他。当法国作家协会委托罗丹制作巴尔扎克的雕像时，他当即表示同意。在制作这尊雕像时他认为形似并不是主要的，重要的是文豪的精神特征。因为巴尔扎克习惯身着睡衣在夜间工作，所以罗丹设计的是让他披着宽大睡衣在星空下沉思。此尊塑像罗丹原本保证18个月完成。谁知，这件经过严肃探求的艺术创造，用了六年时间才最终完成。关于《巴尔扎克》雕像有一个经典典故，罗丹在制作这座雕像时，他的学生看到这件作品惊叹道："老师，这手像极了，我从未见过雕塑如此完美的手。"听到此话之后，罗丹紧蹙眉头地沉思起来，突然他将雕塑上精致的手砍掉，在场所有学生都为之一惊，连连叹息。罗丹却正色说道："这双手太突出了！既然这双手已经有了自己的生命，那就不再属于这个雕像的整体了。你们要记住，一件真实完美

巴尔扎克

的艺术品，是没有任何一部分比整体更重要的。"

《巴尔扎克》于1898年在沙龙展出时，又激起了广泛的社会抨击。作协拒绝接受它，作协主席——诗人扬·爱卡德因拒收订货并气愤地辞了职。作家左拉、法朗士，画家莫奈、劳特累克，音乐家德彪西等人，联合起来支持罗丹，并发表了宣言。最后，罗丹不堪忍受这种长时间的争执，毅然决定把作品运回自己的工作室。罗丹感到痛惜，但是他依旧不为砍掉双手而感到后悔，他预言道："我的雕像将立于不败之地！"罗丹把这件作品放在自己的花园之中，多年之后预言实现了。

罗丹晚年最成功的杰作就是《思想者》。该作品描绘的是一位青年弯曲着腰，单腿屈膝，右手托着下巴，正陷入沉思时的场景。他那紧握的拳头、深邃的目光表现出因纠结而产生极度困惑的心情。在《地狱之门》中，《思想者》注视着下方的悲剧，他对人类无比同情和爱惜，但要对他们的罪恶做出最后判决，这让他产生极度矛盾的心理。他将强壮的身体缩成一团，双目因凹陷而隐没在阴影之中，那紧紧收缩的小腿肌腱，如痉挛般的脚趾都表明他内心在激烈挣扎。《思想者》心中苦闷的情绪通过面部表情以及紧张的肌肉的处理形象地刻画出来，这种隐藏于内却表面沉静的力量更令人深思。

曾有人问罗丹为什么要用粗壮结实的裸体形象来塑造《思想者》，并把它放置在他的大型浮雕门饰《地狱之门》之上。这个问题不妨用罗丹他自己的话来解释："一个人的形象和姿态必然显露出他心中的情感，形体表达内在精神。对于懂得这样看法的人，裸体是最具有丰富意义的。"在这件作品中，雕塑家采用精确的手法表现现实主义创作理念的同时，也表达出和诗人但丁相同的人文主义思想，同样的，他对人类遭遇的苦难产生了极大的悲痛和同情。

罗丹的一生令人迷惑，他的每件作品问世之后，都给艺术界、给观者、给罗丹自己带来新的问题和挑战。与此同时，舆论的抨击与崇拜者都在剧烈增长，

思想者

这样的环境并没有给罗丹太多的压力。他对古典、新古典、印象主义、现代主义都有所尝试，热爱生活、崇尚自然的他却对悲剧情有独钟，所以人们无法对他做出准确的定性分类。他开创了多样化的现代雕塑，并被称为"现代雕塑之父"。因此在罗丹去世之后，人们对于罗丹仍是众说纷纭，这样的一个人留给我们更多的是美好的遐想。

"艺术即情感"是罗丹一直坚信的艺术创作理念，他的所有作品都在印证这一理念。没有进入艺术学院的他，在社会底层尝尽了人间百态，从中思索人生的种种痛苦，他同情穷人，钟爱自己的国家，毕生执着地追求艺术，所以罗丹的理念超越浪漫主义的自我，跨越了时代、区域、种族之间的隔阂，成为无可替代的一代雕塑大师。

阿里斯蒂德·马约尔（1861——1944）
一个执着于自然和人体的雕塑家

> 民族衰老了，艺术就变得繁琐复杂、萎靡不振。我们应该使自己恢复青春，以天真的心态去创作，这就是我所要追求的。
>
> ——阿里斯蒂德·马约尔

历史上的艺术大师都有着自己独有的个性和艺术风格。他们往往站在时代的最前端，以非凡的勇气和不断革新的精神，冲破传统的束缚，创造出令世人瞩目的作品，从而开拓新的艺术领域。被推崇为欧洲近代雕塑史上"三大支柱"的罗丹、马约尔和布尔德尔，他们就是现代雕塑艺术的先驱。其中马约尔更是被美术界誉为"架起传统与现代桥梁的雕塑巨匠"。

1861年，阿里斯蒂德·马约尔出生在法国的巴纽尔斯。马约尔家中有兄妹四人，他排行老二，父亲是一名水手，同时经营着纺织生意，母亲很早就去世了，所以他被送到了姑妈的家中。在别人家里生活与自家毕竟有着本质的差别，马约尔早早地感受到人间的冷漠，所以他的童年回忆并不美好。马约尔唯一的兴趣就是绘画，却遭到姑妈的强烈反对。直到父亲去世后，马约尔才被巴纽尔斯市市长推荐到地方博物馆学习绘画。1882年，21岁的马约尔孑然一身来到巴黎，开始了自己的求学之旅。在多次报考当地画室失败后，马约尔投身于绘画大师卡巴奈门下学习，后来终于考上了美术学院，在学院中与布尔德尔相识并成为好友。早期的马约尔在其艺术思想上更倾向于高更、塞尚等印象派画家。

求学的道路上总是荆棘遍地。学生时代的马约尔十分贫穷，他只买得起最便宜的自制粗布来绘画，他不认为这样丢人，还很喜欢在这种粗布上绘画的感觉，做工精细的画布反而不能让他尽情发挥。为了生活与学习，马约尔不得不抽出时间去工作，他在剧院画舞台布景，在私立美术学校教书，现实过早地让他学会了社会生存的法则。

1882年，马约尔偶尔在巴黎的克吕尼博物馆发现了一组名为《独角兽夫人》的壁毯作品，他被这种由内而外的细腻美感深深吸引，开始热切希望研究、创作古老的壁毯艺术。在与壁毯艺术打交道期间，他邂逅了未来的妻子克罗蒂特·娜西斯，两人坠入了爱河，没多久就喜结连理。婚后，马约尔继续发展自己的壁毯艺术事业，但好景不长，他因为长时间注视纺织机，以致视力急剧减退，直到短暂性失明。对于一个热爱绘画的艺术家来说，失明是一种痛苦的精神折磨。在没有色彩、没有光明的世界里，马约尔度过了令他痛苦不堪的6个月时光。

为了放松极度疲劳的双眼，马约尔开始由壁毯创作转向雕塑，雕塑可以通过手的触觉来进行，恰巧可以弥补他视力上的缺陷。1888年，马约尔创作了他的第一件雕塑作品——《泉》，他以裸女脱下的衣服上的衣纹线条来表现泉水，有简化造型的趋向，摆脱了传统的一些约束。马约尔并非艺术上的天才，但他对雕塑却能做到无须摸索就轻松找到其独特的表现方式。而马约尔开始从事雕塑事业的那段时间正是雕塑大师罗丹艺术的巅峰期，不知是不是一种偶然，马约尔与罗丹的雕塑作品从美学的角度来比较，两者风格是完全相反的。罗丹的手法是充满激情的、主观的，具有强烈的文学气息，如果说罗丹的雕塑艺术可以用一个深沉睿智的男人来形容，那么马约尔的则是一个自然纯净的女人。两人的艺术风格形成了对峙，甚至被人们划分成为"北罗南马"的风格局势。而对立并不意味着两人对抗，罗丹很欣赏马约尔的艺术，马约尔也乐于同罗丹分享艺术见解。

马约尔早期主张保持雕塑艺术中女性纯净的自然美，这源于他对古希腊、罗马艺术的热爱，他将女性比为自然的一部分，认为女性的曲线与自然中的山水有

勒达

着异曲同工之妙。他将建筑学的法则引入到雕塑艺术中，提倡人体比例和谐、富于浪漫的古典主义，以自然或是一种原生态现象来获取灵感。他所塑造的女人体有着丰满、紧实而浑厚的躯体，体现了人类坚韧的生命力，是大自然美的象征，因此他也喜欢用大自然的名字作为女性人体雕像的题目，如《大气》《河流》《山岳》等。

马约尔还创作了一件以妻子为原型的圆雕小像《勒达》。在希腊神话中，勒达是斯巴达王后，廷·达瑞俄斯的妻子。宙斯对勒达一见倾心，化作天鹅去引诱她，之后勒达生了两个蛋，一个蛋中是宙斯的孩子波吕克斯和海伦，另一个则是廷·达瑞俄斯的孩子卡斯托耳和克吕泰墨斯特拉。为表现勒达半推半就拒绝宙斯的样子，马约尔将人物表现为一个裸女的坐像，女子回眸低视，举起左手表示婉拒。

《勒达》在形象和体态上尽管表现得还不太成熟，但却掩盖不住马约尔初露锋芒的雕塑艺术才华。这件高27厘米的小像被著名小说家兼艺评家米尔博拍下，米尔博将这件作品展示给罗丹，罗丹看后惊叹道："我不知道这世上还有任何其他现代雕塑作品具有像它这样的纯粹美，我发誓我不知道。它是一种绝对的美和绝对的纯，很显然是杰作。"马约尔的作品不仅得到了罗丹等人的认同，大众艺评对马约尔也是赞不绝口，他们认为："马约尔的创作注重形式，他除了昭示距离、肯定仙界，不断宣称美是神赐、美就是美之外，似乎不再有别的什么。这位雕塑家的创作态度是异教徒的、异国他乡的、完全超然的，是享乐主义掩盖下的冷静如冰。"人间需

地中海

要这种无"性"的美，超凡脱俗，能洗涤人类灰暗的心灵。

　　1903年，马约尔开始全心全意投入到雕塑艺术中，他是一个尽职尽责的人，一旦做出选择就会全力以赴，他的雕塑技艺进步飞快。1905年马约尔完成了第一件体现其个人风格的作品——《地中海》。这件作品最开始的名字是《树荫下的花园》，后来又改为《思想》《拉丁思想》等，马约尔雕塑作品的题目大多是他的文学家、诗人朋友们通过雕像内容联想出来的，有时这些题目并不能正确概括马约尔原本的意图。几经周折这件雕像作品最终被命名为《地中海》。马约尔把女人形体看作是取之不尽的宝藏，这件作品正体现了他独特的艺术内涵。

　　作品《地中海》向众人展示了一个坐在沙滩上的裸体女人，雕像重心落到了右手臂上，女人的左手扶着低垂的头，肘部支在左膝上，神态温和而安详，她似乎正在地中海的沙滩上休息，又好像在思考着什么。她的躯体和气质象征着地中海丰富的自然资源和悠久的人文历史，有着浓厚的哲理性。地中海是欧洲最富饶的海域，这里是西方文明的发源地，古希腊文明在这里诞生、繁衍。落叶归根，文明最终还会归于海洋，像是一种生命的轮回。

马约尔所塑造的女性形态有多方面意义，能够引起人们对自然、生活、生命的回忆或想象，富于象征意味。象征，不是一种单纯的表与里的模仿，马约尔通过象征的手法，让他的艺术超越了"相似"，超越了"再现"，从而进入一个更高的层面。在马约尔看来，女人的身体概括了整个大自然，表面的凹凸沟纹，似山、似丘、似海。女子的秀发就像河流，臀部、乳房和腹部都能令人想到自然中蜿蜒起伏的丘峦山谷。马约尔透过女人体表现的是自然中或壮丽或秀美的景色，因此他大部分的作品都是在颂歌大自然。《地中海》正是包含了大海丰厚博大的意义，使我们从女子形体的造型中领悟到那种由地中海孕育出的古希腊精神文明，感受到生命的安宁与静穆、平衡与理性。这种象征性的形象具有超越社会与自然的高度抽象意味。

1905年，马约尔希望能取得建立左拉纪念碑的荣誉，结果遭到拒绝，这让他十分懊恼。然而就在这一年，马约尔在朋友的帮助下获取了创作奥古斯特·布朗基纪念碑的机会。这件作品就是马约尔的得意之作《被束缚的行动》，他自己也因这件作品而声名远扬。

布朗基作为一个法国近代无产阶级政治活动家、革命家，他将自己完全奉献给了革命斗争事业。他为革命奋战了50多年，其中33年都是在牢狱中度过的。他认为未来社会是一个完全平等、没有私有财产、没有特权的理想社会，布朗基就是这样一个大无畏的革命斗士。马约尔的政治观点属于保守派，他尊重传统社会政治和社会准则，或者说他对政治根本就不关心。但是马约尔凭借自己对这个时代的认识、理解以及作为艺术家的直觉，大胆地创作了这件摄人心魂的纪念性雕塑。

布朗基是一个坚毅乐观的男人，一生中经受了许多艰难考验。雕塑家一般都会偏向于用男性来表现这位革命家的大无畏精神，而马约尔却放不下自己钟爱的女性形体。创作之初，马约尔很是苦恼，不知道是应该坚守自己的风格，还是应该改变风格去表现布朗基波澜壮阔的英雄事迹。最后马约尔决定将两者简单化，他以女性裸体的形式表现布朗基不屈不挠的革命斗争精神。这座女人体雕像体格健硕、饱满、富于动感，浑身充满力量，她情绪高亢地走在法兰西的土地上。尽管双手被束缚在后背，但她那孤傲、坚毅的脸庞却向世人展示着她内心永不屈服的斗争精神。在这浑厚的少女形体中暴涨着狂怒火焰，坚挺的乳房扩张着无穷的力量，锁链已经无法束缚少女对自由的渴望之情。她傲然而立，神圣而不可侵犯，但粗壮结实的肉体之上却仍能够显露出少女那种妩媚的柔美。

被束缚的行动

《被束缚的行动》所表现的人物形象，从雕像本身来看，似乎与布朗基这位革命家的纪念碑扯不上关系，但这种被束缚的行动正象征着被封锁的人的自我意识。这种不自由的状态正是无产阶级革命者所处的时代境况，他们为了打破这种束缚不断地进行革命，不断地有人牺牲。尽管这件作品是以女性裸体为媒介，但马约尔却赋予她无穷的力量，将永恒的抗争精神根植于女人的肉体、骨髓乃至灵魂之中，这种象征意味具有永恒性。

塞尚纪念碑

1912年，为纪念已经逝世的塞尚，艾克斯市决定在城区中建立一座纪念碑，邀请马约尔主持这项工作。经过四年的努力，马约尔精心创作的《塞尚纪念碑》完成了，然而艾克斯市却没有接受这件作品，如同罗丹的作品《巴尔扎克纪念像》一样，《塞尚纪念碑》也被无情地否决了。经历过左拉纪念碑被拒事件之后，马约尔的朋友们准备再次为自己的偶像抱不平，他们在法国发动了力挺马约尔的运动，下定决心要让更多人看到这尊美丽的纪念碑。最后，在当时法国总理赫里欧的干预下，巴黎市得到了这件杰作。《塞尚纪念碑》被放置在巴黎土杜伊勒里宫花园的绿色草坪上，成为这个世界艺术之都的焦点之一，吸引了成千上万的人慕名前往参观。

《塞尚纪念碑》的主体是一位体态丰盈的裸体女子，她悠然地仰身坐躺在长方形基座的衬布之上。女子目光沉静而悠远，注目着手指指向的方向，似乎在期盼着什么。在这件作品中，女子的四肢被有意拉长，雕像表面被打磨得十分光滑，雕塑造型别致，通过雕像所具有的坚实的雕塑感与建筑感使得雕像整体显得大气磅礴，静穆而庄严。安详的姿态中透露着健美、浑厚的气质。裸体女子这一形象就是马约尔对塞尚本人及其艺术的理解，带有象征意义，它体现塞尚油画的饱满、朴实和畅快的基调。

1934年，马约尔73岁，由于体力不支，他决定退出艺术领域，安享晚年。而在一次与建筑师东代尔的谈话中，马约尔知道了一个俄罗斯女学生薇尔妮。听东代尔说这个姑娘很美，肌肤如雪，体态丰满、浑厚，就像是"活的马约尔作品"，或者说是自然手下创造的"尤物"。这让马约尔很是好奇，决心见一见这个未曾谋面的"马约尔作品"。于是，他托东代尔给薇尔妮带了一个纸条，希望薇尔妮能做自己的模特。

与东方相比，西方的思想还算开放，尽管如此，艺术家的模特儿尤其是裸体模特，大多是妓女，如马奈的作品《奥林匹亚》和《草地上的午餐》，他画中的裸女就是他从街上领回来的妓女——维克多莉娜·默朗。因为马奈用妓女创作绘画，结果被众人讥讽说是"伤风败俗"。其实人体模特儿的工资在当时已经不算低了，比一般工人高出三四倍，对一个穷学生来说非常具有吸引力，但作为17岁的纯情小女生，要迈出这一步确实需要很大的勇气。

一天早上，薇尔妮来到了马约尔的住所。古稀之年的马约尔见到薇尔妮后感觉他创作雕塑的兴趣好像又回来了，他甚至激动地叫来妻子一同欣赏薇尔妮，马约尔说："这不是模拟大自然的作品，而是模拟艺术的大自然。"这个俄国姑娘的出现重新点燃了马约尔心中艺术创作的火焰，凭借着这股精神动力的支持，马约尔竟然战胜了病痛，继而又工作了整整十年，直到最后因车祸而不幸去世。

薇尔妮在做马约尔的模特期间，两人相处得十分融洽。开始的时候薇尔妮面对马约尔还感觉非常陌生，马约尔也没有强求她裸露身体，所以最初有很长一段时间薇尔妮在"工作"的时候都是穿着衣服的，马约尔只让她露出膝盖或者一点儿大腿来。马约尔十分风趣、健谈，薇尔妮在工作的时候可以随意走动，甚至可以做自己需要做的事情，如看书、做作业等。后来薇尔妮在马约尔面前脱光衣服一点儿也不觉得困难，反而很随意。那时的薇尔妮是一个充满活力的姑娘，但在马约尔面前就是个顽皮的小女孩儿，经常躺在地上两脚朝天，同马约尔开心地玩闹。

河流

　　马约尔与薇尔妮的关系是建立在相互信任的基础上，薇尔妮把马约尔看作自己的父亲，他们是知己，也是反法西斯战友。第二次世界大战期间薇尔妮曾两次被德军拘捕，多亏马约尔斡旋，薇尔妮才能逃脱法西斯的魔爪。在第一次被追捕后，马约尔为了薇尔妮的安全，将她送到了马蒂斯和勃纳尔的画室，在那里她还做过毕加索的模特儿。

　　1938年，为了纪念和平主义作家亨利·巴比塞，马约尔创作了一件铅质雕像《河流》，这也是马约尔最后一件纪念性的宏伟雕塑作品。同以往作品一样，《河流》也是由一个丰满健壮、曲线优美的女性人体来表现的。作品中的女子侧卧着，双腿前后分开，自然地呈现弯曲的状态，右手微微向上抬起，五指张开着，仿佛正在拨弄流水。女子的脖子与头部向下低垂着，少女的脸庞闪耀着温暖的笑容，她的乳房丰满而紧实，大腿粗壮，并不是那种瘦弱纤细的女性形象，就像是孕育着无限生命的河流，川流不息，充满了清新的气息。马约尔这次没有刻意去精心摹写肌肉的纹路，而是利用自然光照射大幅度转折的体面来显示肌肉自身的美感，人物整体线条粗犷而流畅，充分展示了女性裸体的无限魅力。这件雕塑作品被放置于户外，成了自然的一部分，体现了人与自然间的和谐，同时升华了作品"美"的层次。

马约尔在创作《河流》之前还创作了《山岳》和《大气》两件作品。《山岳》表现的是一个喜笑颜开的女性人体雕像，雄壮健美的身躯像山岳一般跌宕起伏，象征着大自然山川雄伟而辽阔的自然美。《大气》表现的是一座仰卧着的女人体，她惬意地横卧着，整个身体呈流线型，空悬的双臂与平行伸直的双腿形成了一个在空间飘浮的流动形态，象征着生命中不可缺少的空气。《山岳》《大气》与《河流》构成了自然三部曲，堪称马约尔象征主义的代表作。

马约尔一生热爱自然，他的艺术理念来源于自然也回归于自然，他的艺术创作本身就是自然中最动听的乐曲。他所塑造的形象，总是蓬蓬的、圆圆的，有着柔和的弧形曲线，大自然也是喜欢曲线的，直线太过死板。他强调作品的独立性和永恒性，所以他的作品中丝毫看不出塑造和加工的痕迹，其目的是希望作品可以独立于作者之外，让人们感觉这件作品超然于世，和这个现实世界没有任何联系。在作品的选题和手法处理上，马约尔也尽量使雕塑作品处于一种"非现实性"的状态中，马约尔在追求一种无目的、无动机、绝对纯净而不表达任何意义的纯粹美，所以在马约尔的作品中，我们很少会感受到他个人或个性的成分，这归结于他对自然美的一种极致追求。马约尔的雕塑作品没有什么故事性可言，不同于罗丹的雕塑艺术，罗丹作品背后往往有着一个浪漫、快乐或悲伤的故事。

马约尔对女性的躯体有着一种执拗，这种执拗让他沉醉在女性形体与自然中不可自拔。他利用塞尚的立体几何透视法来研究古希腊、罗马的艺术。正如艺术评论家米尔博所说："马约尔的艺术理想旨在用人体作品的构造美替代其传统的煽情功能，他塑造的完美女人体表现了母性而不是肉欲。"马约尔从罗丹手中接过人体模特，熄灭她的火，让她慢下来、静下来，去掉她的现实意义，为了使之永恒而把她简化。从艺术本体的发展来看，马约尔无疑在同时代的雕塑家中是超群绝伦的。

卡米尔·克洛岱尔（1864—1943）
为爱痴狂的女雕塑家

> 时间流逝得无声无息，命运与幻想挽着它的手，留得越长久，痛苦就越深厚。

——卡米尔·克洛岱尔

1848年到1870年是现实主义艺术大放异彩的时代。当时的法国，19世纪的政治、经济和教育文化等多方面的社会因素，让雕塑成为仅属于男人的艺术，女性没有接触雕塑的权利。而像卡米尔·克洛岱尔这样的女性雕塑家无法得到公众的认可，更不会被上流社会所接纳。与罗丹失败的爱情，让她的一生充满坎坷，使得这个天才女雕塑家在甜美的外表下面隐藏了一个孤独悲凉的内心世界。艺术哲学中认为，如果艺术家达不到焦灼、挣扎、绝望等"高峰体验"是无法创作出非凡的作品的。因此要真正理解卡米尔的雕塑艺术，就需审视她坎坷崎岖的生活和千疮百孔的爱情。凄惨的命运为她的艺术创作带来了灵感，却也残忍地扼杀了她的艺术天赋。

1864年12月8日，卡米尔·克洛岱尔出生在法国的一个小镇，但她的出生并没有让母亲感到喜悦，相反充满了厌恶。她虽然得不到母亲的关爱，但父亲却对她宠爱有加，因此造就了她果敢、爽朗的性格，更偏爱于用男人意志来生活。时至今日，提起卡米尔·克洛岱尔人们总会首先联想到她与罗丹之间复杂的关系，或是保罗·克洛岱尔这位著名作家的姐姐，但都忽略了她雕塑家的身份。

卡米尔对泥土有着独特的喜爱，6岁时就喜欢用泥土捏东西来玩，父亲发觉她可能在雕塑方面有天赋，于是在艺术学习上给予她有力的支持。卡米尔20岁之前心思全部都在泥土和胶泥的创作上，人们不难发现她的作品中充满着天才特有的敏感度，她也相信自己在制作雕塑方面有超凡的领悟能力和表现力。她在成年后十分渴望前往雕塑家聚集地——巴黎。去巴黎之前她忧虑地问父亲："我能成为雕塑家吗？"父亲在她的双眸中看到了对雕塑的热情和坚定，于是肯定地告诉她："你一定能。"

1885年，卡米尔一家搬家到巴黎。这一年的9月，20岁的她遇到了58岁的罗丹。卡米尔的作品深深吸引了罗丹，他不敢相信感觉如此强烈的雕塑竟然是出自一双秀美而稚嫩的手，而卡米尔却不以为然："我从一出生就在雕塑了，我今年才20岁，等到58岁的时候肯定比你出名……"要知道当时的罗丹已经很有名气，但正是卡米尔自然的本性和无所畏惧的激情，让她得到罗丹的青睐。于是罗丹邀请她到雕塑室工作，后又成为罗丹个人的助手。两人感情发展很快，最终成了情人关系。那段时间，罗丹以卡米尔为原型创作了许多经典作品，但是在罗丹的阴影下，卡米尔的才华却被遮盖。她的父亲曾劝告她："自从你和罗丹在一起，你就没有了自己的作品！你要永远有自己的作品，要知道你是个天才！"可是卡米尔太年轻，当时又正处在热恋中，根本就不会明白这些话的含义。她辩解道："我在工作。"但事实上她只是在帮罗丹做着基础性的东西。在跟罗丹工作的日子里她受到了罗丹艺术思想和风格的影响，并在雕塑技法上得到罗丹指点，所以这一时期卡米尔并没真正做出属于自己的雕塑作品。

1888年，对于卡米尔来说是非同寻常的一年。这一年她的雕塑作品《沙恭达罗》在音乐家德彪西等人的帮助下，得以在法国沙龙展出，获得了人生中第一个荣誉称号。后来卡米尔为表感谢亲自将这件作品赠予德彪西。当时人们特别惊叹女性也能将雕塑做得如此生动，她向人们证明雕塑并不是男性的专属。作品中沙恭达罗温顺地倒入下方男性的怀抱，她右手抚摸心口，左手则无力地伸向她所爱的人，低垂的头颅与左手以及右肩构成了一条逐渐递减的曲线。这对情侣的脸颊紧紧贴在一起，但并没有任何身体接触，正是这一敏感而微妙的姿势却使他们的情欲表露无遗。作品表现了沙恭达罗宽恕国王，两人相互拥抱的瞬间，曲折情节的最终指向是对于"妻子"身份的认同。沙恭达罗成功地通过爱情和怀孕的双重方式得到了"妻子"的身份。而1888年也正是卡米尔与罗丹的爱情出现危机的时候，卡米尔怀孕后被罗丹的妻子罗丝殴打以致流产，她从此失去了做母亲的机会，更错失了与罗丝竞争"妻子"身份的一道砝码。卡米尔用心良苦地选择

沙恭达罗

这个带有深刻含义的主题，是为了深化她渴望得到"罗丹的妻子"这样一个传统身份的思想。这件作品与罗丹在1889年创作的石膏雕像《永恒的偶像》从构图到主题有许多相似之处，不同之处在于，罗丹雕塑表现的是"永恒的崇拜"理念，肌肉有力的起伏是为了强调性欲旺盛；而卡米尔所创造的是"宽恕与顺从"主题，明显地表现出她对身份认同的渴望。但是这件作品又被一种莫名的游离和忧伤笼罩。在这里卡米尔使女人处于一种若即若离的位置上，让女性在两性关系中处在主动地位。从沙恭达罗的宽恕到她已经开始独立地决定自己的方向，也证明卡米尔开始走向独立创作。同年卡米尔自己偷偷制作了罗丹的头像，从这件作品中可以看出她的技法已经完全不逊于罗丹。

女人若真的爱上一名男人，在得到爱情甜蜜的同时也给了男人伤害自己的机会。越是热烈的爱情往往越容易产生矛盾。由于罗丹总是与女模特发生风流韵事，再加上他不肯和妻子罗丝离婚，使得卡米尔与罗丹之间产生了很大的矛盾，他们又常常因为"什么是完美艺术"争吵，这一切都使得两人关系走向崩溃边缘。尽管二人的感情岌岌可危，但在1892年创作的《华尔兹舞曲》中看得出她对爱情的留恋。在这件作品中她让整座雕塑呈对角线构图，一男一女正在享受华尔兹舞蹈的旋律，他们身体的慵懒地交织在一起，同时又在窃窃私语。人物上半身裸露的皮肤与下方堆积褶皱的衣裙在视觉上形成强烈对比。从正面看，女性背朝观众，头深埋在男性肩膀内，尽管男女之间并没有直接的目光注视，但从两人倾斜的姿势、优美的背部曲线、紧合的双手都能让观赏者感受到欲望在升腾，表达了两个相爱灵魂的结合超越了物质的世界。

1898年，卡米尔离开了罗丹的工作室，彻底对爱情绝望的她迁到蒂雷纳大街66号，并成立了自己的工作室，开始独立创作。离开了罗丹后她仍然富有创作力，不同的是她失去了人生中最宝贵的青春和生命力，导致她的作品也丧失活力，变成了一种宣泄痛苦和表现死亡的工具。她把对罗丹的愤恨、失去孩子的痛苦、雕塑领域的不得志全部揉进大理石和黏土中，那段孤寂艰难的岁月里唯有她的雕塑陪伴着她。这一时期最典型的作品就是《成熟》，这也是她所有作品中最大的群雕。这组雕塑被放在一个甲板状的底座上，中间是一个稍呈老年状态的男子被左上方一位老妇人拥抱着，男子的神态十分低落，无力的手正在从一旁跪在地上的年轻女子的手中滑落。年轻女孩儿的身体呈现一种强烈前曲的姿态，双手极力向前伸着，仿佛在乞求这名男子不要弃她而去。1895年她又创作了《成熟》的另一个版本，她只是将男子的神态表现出犹豫不决的样子。但到了1898年的版本，男子的身体完全偏向了老年女子的方向。在我们单独关注《成熟》中年轻女子形象时，不难从女子裸露着的身体发现她已有怀孕的迹象。在《沙恭达罗》中，女子的腹部也是凸起的。结合沙恭达罗的故事，就更能相信卡米尔把自己的形象融入到这两个雕塑中的怀孕女子身上。

在女性艺术家的作品中生育或怀孕题材是常见的，然而与一些表现孕育"痛苦"的主题不同，在卡米尔的雕塑中，怀孕是一种为了得到自我身份认同的手段。沙恭达罗在发现自己怀孕之后，前往宫殿找寻国王，一开始，怀孕只是促使她产生寻找国王的最初原因，而在见到国王以后，怀孕又能证明二人的亲密关系，以及要求国王接纳自己的强大理由。怀孕使不稳定的男女关系有可能发展为一种趋于稳定的关系——父亲、母亲和孩子。如果这种关系确立，那么"妻子"身份便相应地确定下来。可是，我们可以明确地看到：不论在现实中还是图像中，卡米尔都失败了。

成熟

　　卡米尔不仅追求"妻子"的身份，同时又在极力追求"雕塑家"的身份。在19世纪，女性是受到歧视和不公平待遇的，女雕塑家往往不会得到社会认同，她也摆脱不了罗丹的阴影，人们始终只将她的名字放置在罗丹之后。而在与罗丹关系决裂之后，卡米尔与上流社会赞助人之间的联系也完全断绝，失去了订单和经费来源，一时间她的生活极度穷困潦倒。尽管她极具艺术才能，但罗丹的名气完全掩盖了她的才华和作品，她卖不出去作品，贫穷和窘迫吞噬着她的生命。在寒冷冬季里她都没有钱去烧一个小火炉来取暖，甚至连雇来帮忙的工人也欺侮她，她独自感受着人世间的寒冷和悲哀。而在街道不远处，罗丹声名日益显赫，被美女、豪宅、名誉围绕着的罗丹完全忘却了卡米尔。与此同时，伴随着现代主义的到来，由于社会和经济等原因，以纪念和公共为特点的传统雕塑体系开始崩溃。赞助人和艺术家之间的关系变得不像以前那样牢固，艺术家被迫处于一种严酷的社会环境之下。加上与罗丹之前的特殊关系，观赏者总会很自然地将她与罗丹进行比较，而这种比较迅速演变为恶劣的人身攻击。1888年，《沙恭达罗》在展出时，就有人讥讽其中女子的姿势完全抄袭了罗丹的《亚当》，而二者确实有着惊人的相似。此后，诸如此类攻击不断涌来。舆论抨击使得卡米尔的天才灵魂被淹没，她对于雕塑家身份的追求同样以失败告终。

1905年之后，卡米尔开始处于一种疯狂状态，外界诸多不良因素让她精神上患上严重的疾病。她总是妄想罗丹要找人杀害她、剽窃她的作品，并经常将自己关起来，不与外人交往。极度疯狂时，她把自己以前的雕塑作品用大铁锤砸毁。冰冷的铁锤砸在自己的雕塑作品上，正如罗丹的无情和社会的冷漠砸在自己的脸上一样，让她更加痛苦。卡米尔在臆想中极度宣泄痛苦，在疯狂中表达寂寞。1913年3月，卡米尔的父亲去世了，最后那个宠爱和支持自己的坚强后盾倒塌而去。不久，她便完全疯掉了。

1913年7月，巴黎蒂雷纳大街66号出现一辆救护车，卡米尔披头散发而且赤脚站在地上，在她身后到处都是砸碎的雕像。她被医生强行拖走，这一走就是30年。她在疯人院曾给弟弟写信说道："你的包裹到来时，我复活了，因为我仅仅依靠包裹里的恶毒物品维持生命。这儿的膳食使我病得要死，我再也无法忍受这种生活了……"她被囚禁在四面都是白墙的疯人院里，在那儿没有泥土、没有雕塑工具、没有助手，有的只是一件束缚疯子的紧身衣穿在身上。但这期间她用自己的双手塑造了无数惊人作品，却都被她自己毁坏了，她用刚做好的作品拍打在墙壁上以发泄愤怒，但却又对着镜子苦苦地呼喊罗丹的名字。但卡米尔并不知道，在她被关进疯人院的那年罗丹突然中风，曾经激情和才华横溢的他已经不在。在挨过30年地狱般生活之后，她在冰窖般的病房里停止了呼吸，那年她79岁。没有人看见她的离去，只有教堂的钟声在为她默默回荡着凄凉伤感的音符。生命最后30年她都被贴着疯子的标签在阴森、孤寂的收容所度过。对于卡米尔·克洛岱尔这样的一生我们可以用热烈、悲惨来形容。她曾经热烈地爱过，但又因为这份爱变得悲惨。卡米尔以悲惨结局的原因到底是什么呢？或许是因为她太过执着的性格导致她与罗丹关系决裂，由此产生的一系列悲剧；或许是因为她所处的时代不能够容忍女性成为雕塑家并获得尊重；又或许是罗丹欺骗她的感情，埋没她的才华……这一切没有谁能够说清楚。但我们可以说的是罗丹在和卡米尔激情爆发的那些年，她确实塑造出了一批心醉神迷、激情荡漾的雕塑作品，她能让人感受到雕塑在呼吸、在流泪、在哭诉。

正是卡米尔这样疯狂的爱，才造就了她悲惨的人生。不记得哪部电影中有过这样一句台词："如果一个人愿意住在池中，你又何必救他上岸。"我们在惋惜卡米尔悲惨命运的同时，也敬佩她对爱情的执着。在卡米尔·克洛岱尔身上，奇妙地混合了女人和雕塑这两种特质。在她之前，从菲迪亚斯到罗丹，雕塑一直是男人在做的事。而作为女人的卡米尔，却偏偏天生具有雕塑才华。她所塑造的雕塑拥有属于女人的现代特质：个体性的敏感、飘逸与细腻，这些都是一个优秀艺术家需要具备的思想。造物主赐予她一个女人身体和一个男人灵魂，这使得在她身上灵与肉的冲突无法得到解决，只能以疯狂作为结局。她顺应着自然和美丽、忠诚和爱情，她头脑里充满了罗曼蒂克的思想，她的艺术是人类梦幻的表现，她的人生是唯美的体现，她的雕塑正是她自己的真实写照。

康斯坦丁·布朗库西（1876—1957）
一只不落地的鸟

> 当你雕琢一块石头时，你将发现你手中这块石头的精神及其他属性，你将陷入对这块石头的思索，从而展开你的艺术构思。
>
> ——康斯坦丁·布朗库西

《阿飞正传》里的阿飞曾说："这世界上有一种鸟是没有脚的，它只能够一直的飞，飞累了就睡在风里，这种鸟一辈子只能下地一次，那一次就是死亡的时候。"雕塑家康斯坦丁·布朗库西就如同这样的鸟。他喜欢制作简化造型的雕塑，他只选择少许主题，以不同材质去创作。他被誉为20世纪最伟大的罗马尼亚雕塑家，也是雕塑界的毕加索，他的作品对现代雕塑的产生具有深远的影响。

康斯坦丁·布朗库西生于1876年，父母是罗马尼亚的普通农民。布朗库西在9岁进入美术学校之前没有受到过正规的教育，叛逆的他还有两次离家出走的经历，这样并不完美的童年经历却让他非常留恋。他曾说："一个人童年时光结束之时，便是他心灵死亡之日。"在布朗库西的故乡，罗马尼亚民族有着传统高超的手工木雕技艺，他自幼被这些民族传统文化熏陶，这些就经常成为激起他创作灵感的动力和源泉。

布朗库西的雕塑风格受到两个不同方面的影响，一个是以上提到的故乡木雕文化，另一个是罗丹。1904年，布朗库西初到巴黎，结识了当时声名大噪的罗丹，罗丹对他非常赏识，布朗库西也十分推崇罗丹的雕塑理念。但布朗库西并没有一味追求罗丹的理念，而是在不断改革和创新。因此在追随罗丹仅一年后，布朗库西就独立创建了自己的工作室，逃出罗丹的神圣光环，成为一只自由飞翔的鸟。他对这段经历说："我成了一名罗丹工作室的学生，在那里我学到了一种高超的技巧。每天我都以罗丹的风格来制作雕塑。我再也不能在他身边生活下去。我在模仿他。我正不自觉地成为一个仿造者，但我能看出模仿作品。我很痛苦。这是最艰难的岁月，多年搜索，多年寻找我自己的路，我不得不离开罗丹。我使他不高兴，但我必须找到自己的路。我闯过自己内心的纠葛，到达简单、平和与喜悦。"

布朗库西立志要对古典主义的自然再现理念进行创造。他力求在变异客观物体的形态中，创造出充满美感和趣味的作品，并效仿文艺复兴大师达·芬奇，系统全面地对人体解剖进行深入学习。这让布朗库西对雕塑有了全新认识，并在此基础之上他还融入罗马尼亚的传统艺术特色，创作了一系列技巧非凡的作品。

在这一时期他虽竭尽全力想要创造出与众不同的东西，但他仍局限于罗丹的写实主义风格，这让他很是困扰，所以他开始想要反抗罗丹。虽然他并不是反抗罗丹的第一人，却是最独特的一个。马蒂斯、布德尔、马约尔都分别从各个角度重新为雕塑进行结构限定，但他们仍跳不出把作品看成完整的形体进行处理的思维模式。布朗库西为了跳出这一思想另辟蹊径，他开始不断挖掘罗马尼亚民族艺术中的精华。另外，布朗库西也不局限在自己的小圈子内，他还积极研究前卫艺术作品，寻求独特的雕塑表现语言。毕加索的艺术创作风格令布朗库西深受启发，他从中不断反思自己的创新。沉寂的雕塑界正需要布朗库西这样一股拥有异域文化的泉水来打破这片死海，注入新鲜的血液。

布朗库西不满迂腐的态度促使他开始不断探索和尝试新的风格，但这条路漫长而曲折：他相继创作了具有拜占庭艺术风格的《祈祷者》、带有古埃及原始艺术的《吻》、唯美浪漫主义的《睡》、新艺术风格的《沉睡的缪斯》、和巴洛克风格有着密切联系的《乔治雕像》等作品。然而他并不满足，以追求"表现事物本质"为目的，不断审视和探索自己的雕塑。创作艺术的过程本就是发现自我的过程，在不同时期会有不同的自我。

不了解雕塑工艺的人往往会认为，雕塑家都应该是拿个小锤子，在石头上敲敲打打的样子。其实不然，大部分学院派的雕塑家并没有亲自动手雕刻过，因为他们只重视"塑"而轻视"雕"，认为雕塑家只需将他们的理念传达清楚，自己没有必要亲自动手。当时一些知名的雕塑家一般都会拥有自己的工作室和学徒，或委托批量生产的小作坊去生产，雕刻工艺衰落为只有工匠才使用的工艺。而布朗库西则注重手工雕刻对作品的影响，儿时丰富的动手经验让他对于材料的直接处理颇具心得，尤其是对于木材的塑造得心应手。其实工匠也并不能把雕刻家所有的意思表达明确，通常都带有这个工匠自己的风格习惯，会

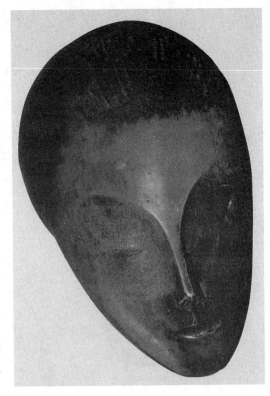

沉睡的缪斯

与原作者所做的作品有所偏差。布朗库西把"雕"的过程视为形成作品生命力的重要元素，认为亲力亲为的作品会有与众不同的效果，所以他的作品都会带有独特的生命力。

　　1910年，布朗库西创作了大理石雕像《沉睡的缪斯》。缪斯原为古希腊神话中的艺术女神，后多将其比作艺术与灵感的象征。在《沉睡的缪斯》中，他将女人的头部略微变形，鹅卵型的脸上眉弓倾斜向上，五官含糊不清，唯独突出的鼻梁骨才衬托出脸部形状，即使没有飘然的长发也可以看出她是一位温柔可人的女神。布朗库西在雕塑手法上使用简化的手法，将具象的元素逐步提炼接近抽象化，从而形成新的风格。在之后此系列的作品中，脸部形象被逐步简化成泪滴状，五官更进一步模糊化，只留下个似是而非的耳朵，给人无限遐想。布朗库西自己对这种简化的方式说道："那只剩下眼睛的记忆，能把爱分给人们的注视，这些人物是借爱情将男人与女人的混合体予以呈现。"《缪斯

波嘉妮小姐

女神》在此后的十年间，被布朗库西使用多种不同的材料进行反复雕刻才形成我们现在所看到的样子。

在《沉睡的缪斯》之后，布朗库西的雕塑形象逐渐由具象过渡到抽象，在这条探索抽象的道路上，他遇到了一位女性知己波嘉妮小姐。玛格特·波嘉妮是位罗马尼亚的女画家，在1901年她与布朗库西结识，二人成为终身好友。此后的32年里布朗库西为她制作了多座肖像，主要以泥塑为主，但多数作品因作者不满意而被毁掉，仅剩下6尊存世，其中大理石雕像和铜像各占一半。《波嘉妮小姐》是布朗库西最为得意的一尊铜像。布朗库西塑造的《波嘉妮小姐》拥有着一双大眼睛，和《沉睡的缪斯》一样模糊的五官，面部流动的线条的韵律感与少女的柔美十分相称。

1920年，布朗库西应邀参加巴黎独立者沙龙的展览，他将《公主X》也放入展厅之内。这次展览让他有了意外收获。马蒂斯、毕加索在展厅看到这件雕塑时戏谑说"看！男性生殖器"。然而这样讽刺的评价并没有让布朗库西不满，相反的这给了他一个新的启发。这件作品的原型是他以前创作的女性雕像一个侧影的概括化体现，如果抛去这些内涵仅从外观来说《公主X》与生殖器的确相似。或许布朗库西并没有刻意的性暗示，而只是对原形象的简化提炼，但这种巧合不得不让人感叹造物主的神奇，也让布朗库西探索出由具象过渡到抽象的明确方向。

爱情是人类永恒的主题，爱情是很难解释的，它不能言表，只能心领神会。布朗库西对纯洁的爱情也是无比向往的，他在1907年到1945年间以《吻》

为主题做出了多件作品。《吻》一如既往地采用自然雕琢的方法，形体上有较为圆润的转折，尤其是手臂部分较为明显。在众多作品中，流传版本最为广泛的是1909年放置于墓碑板上的《吻》，也是布朗库西在雕刻风格上改变最大的作品。对于这个作品的最初构思，布朗库西曾在与友人的交流中谈道："多少世纪以

吻

来，罗马尼亚的村民们有一个习惯，就是心爱的人去世了生者都要在他（她）的坟前种植两株小树，让它们在生长中枝干自然地交织在一起，象征着超脱死亡的爱和爱的不朽，我表现的不是一种单纯的恋人，而是世界上所有离别前的恋者。我的每一件作品都散发着内在的深情。"正是这样的深情才使得他的作品易引起人们的共鸣。以1909年版的《吻》为例，整个雕塑最突出的形态只有两只半圆形的眼眸深情相对。这个《吻》只刻了几道对称的线条，虽然人像高度也不足半米，但却最深情地表现出这对男女之间的爱情。

写实的罗丹是感性的，而抽象的布朗库西却是理性的，也许是受到罗丹《吻》的启发，他想要通过作品来表明他同自己早期的艺术主张以及罗丹的思想进行对抗和决裂。与罗丹所做的《吻》相比，布朗库西的《吻》形态极具抽象化，与当时崇尚写实的理念格格不入，作品给人更多的是精神上的感受，而非感官上的感受。布朗库西曾说："我在创作这件作品时，与往常一样，长时间地进行探索，尽量与两人拥抱的外在形式这种机械的生活模拟拉开距离，尽

无尽之柱

量从最基本的真实出发，以便使这种雕像和人的诞生，人的欢乐、悲剧等严肃的事件相区别。我希望做成的雕像不仅使人们怀念一对恋人，而是怀念所有的恋人，表现地球上相互爱恋的男人和女人在离世前最真挚的感情。我的作品是要把这种内在的感情显现出来。"《吻》这件作品虽然简洁的风格和非洲原始艺术类似，但其内在细腻的情感与单纯狂野的非洲原始艺术有很大的差别。他仔细地刻画出两个恋人之间炽热的情感，寓意明了，表达方式简洁有力。

布朗库西希望能将事物形象提炼到最极致的状态，而1933年的作品《吻之门》就是对形态进一步的提炼。《吻之门》虽然只是座战争纪念碑的一部分，但凸显出爱情的主题，让爱的理念跨越了所有的界限。《吻之门》之所以能够产生爱情的永恒幻想是来自于古埃及的观念，古埃及人曾在神庙里用三块巨大的方石构筑成"记忆"的门廊，并在巨石上雕刻神秘的象形文字，门廊下一条石铺的道路穿过，组成一个充满宗教气息并具有一定象征意义的立体空间。与"记忆"门廊相比，《吻之门》仅仅只在

特殊的标记和一些表面的处理不同而已。布朗库西一直渴望
能够找到原始统一性中所蕴含的平衡与和谐，在灵魂和肉体
之间徘徊。布朗库西将这《吻之门》捐赠给他的祖国罗马尼
亚特库吉乌大众公园，虽然他28岁就离开祖国并在后来加入
法国国籍，但是看得出他依旧深爱着自己的祖国。

《无尽之柱》是1937年布朗库西回到故乡时所作，与
《吻之门》同放在特库吉乌大众公园内。从远处观看《无尽
之柱》仿佛是天空与大地的连接，柱子足足有30米高，是
16个双棱形柱相连而成的青铜雕塑。柱子高高地向天空绵延
而上，让人感觉柱子的"长度"同时间一样是无尽的，所以
布朗库西将它命名为《无尽之柱》。它分切了光与影、昼与
夜、阴与阳，积极向上的精神鼓舞着人们，这根柱子甚至被
誉为现代派区别于古典主义的标志之作。

《无尽之柱》向上的延伸力，引发了布朗库西对在天空
"飞翔"的兴趣。自古以来人类对"飞翔"就有着执着的追
求。对于飞翔的诠释，罗曼·罗兰在《名人传》中引述托
尔斯泰于1870年10月28日《日记》："世界上有些人没有翅
膀，身子沉重。他们在人间骚动。其中亦有强者如拿破仑，
他们在人类留下可怕的痕迹，制造不和，但总飞不起来。有
的人让自己长出翅膀，慢慢飞起并翱翔，这是僧侣。有的人
身体很轻，容易升空，但又会掉下来，那是理想主义者。后
来他们扇动翅膀，奋力起飞，却又跌了下来。翅膀一定会痊
愈，我仍会振翅高飞。愿上帝助我！有的是天上的人，因为
爱人类而收其双翼，落到人间，教人飞翔。然后，等用不着
他们了便返回天上，那是基督。"布朗库西尝试通过雕塑的
角度对飞翔进行探索，从而发现雕塑艺术新的"飞翔"。

布朗库西所追求的"飞翔"不是单指其字面意义，还有

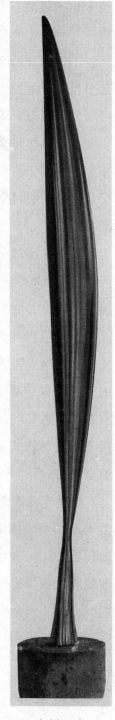

空间之鸟

他永恒的理想：精神的飞升与超越。"我毕生都在追寻一件事，即飞翔的本质。"布朗库西是这样说的，也是这样做的。1911年，布朗库西的作品《鸟》问世了，他开始突破人物主题的局限，转而追求更高的精神理想。这只"鸟"几乎抛去了鸟的所有基本形态，颠覆了人们对于客观现实的认知，进一步抽象"鸟"的形态。他的雕塑语言逐渐将繁杂的纹理修饰替代为简单明了的线条，不断弱化具体形象，直达物体的本质根源。《鸟》在创作最初名为《迈阿斯特娜》，取材于罗马尼亚脍炙人口的民间故事。迈阿斯特娜是一只神鸟，在罗马尼亚人民的心目中是集真、善、美为一身的象征。相传它拥有夜莺般的歌喉，羽毛在阳光的照耀下五光十色、缤纷夺目。它曾因饮用过生命之泉而长生不老，但副作用却是夜不能寐，它不分昼夜地注视着人间善恶，所以被罗马尼亚人民誉为保护神。布朗库西从小就听过这个故事，并对此印象深刻，以此为灵感，创作出心中的《鸟》。

在随后15年内，布朗库西完成了至少16件关于《鸟》的作品。最后一件《空间之鸟》完成于1924年，他再一次打破了飞翔的抽象概念，这只鸟像是在磨光的青铜中凝结出空中的一团火焰。他曾自己说过："我给你真正的快乐，看看这些雕塑吧，直到你理解了它们为止。你所看到的这一切最接近上帝。"接近上帝的方式就是飞翔，所以布朗库西说："我终生寻求飞翔的本质，并不追求神秘。"

布朗库西曾说："像上帝那样创造，像国王那样指挥，像奴隶那样劳动。"艺术家必须像国王一样具有自己独立专制的艺术头脑，也要像奴隶一样辛勤地创作，这句话对现代的艺术家仍具有指导作用。布朗库西的雕塑总有一种超前的隔世感，他的"飞翔"带给我们无数的惊喜，并通过其作品一直影响着我们。

让·艾尔普（1887—1966）
像作诗一样去雕塑

> 我不可能知道，艺术和精神一样，都不是开始，
> 而是继续。
>
> ——让·艾尔普

作为达达主义、超现实主义以及抽象艺术的先驱，艾尔普提出了一个有关抽象派视觉艺术的主要词语——自然生态具象。然而，艾尔普并不像那些与他同时代的人那样狂妄自大，咄咄逼人，摆出想要大打出手的架式，他的艺术作品犹如和畅的春风一般轻柔，轻蔑的态度因其幽默感而变得温和。他属于那种像星光一样璀璨闪烁的艺术家。

让·艾尔普是现代艺术温和的变革者之一，也是现代资产阶级颓废艺术流派达达主义和超现实主义运动的重要代表人物。他是艺术家，又是引人注目的诗人。他对现代派信念的形成起到了促进作用，他抨击20世纪粗俗的艺术，嘲讽他们理性空虚，努力追求一种具有崇高精神的脱俗艺术。

1887年，让·艾尔普出生于法德两国交界的斯特拉斯堡，从小便受到两个不同民族文化的熏陶，他的名字用德语和法语两种语言，因而也被叫作汉斯·艾尔普。艾尔普先是在德国魏玛美术学校学习，后来又在巴黎朱里安学院学习。艾尔普的艺术作品抒发了他对边境生活的怀念之情，并将法国的幽默风趣与德国的浪漫神秘主义完美地结合。他渴望摆脱现代生活的传统桎梏，包括国家、阶级、职业以及理性本身的束缚，企图进入一个精神上共同的世界。他

认为现实主义的局限性和利己性都已达到荒诞的地步，他写道："再创作就是模仿，戏剧、杂技都是如此。或多或少天才的杂技演员是有的，这一点谁也不会否认。"但是他觉得"听得清楚的声音比独特的声音"更富有情趣。

第一次世界大战前，艾尔普举家迁往瑞士苏黎世，在那里，他经常和他的妻子苏菲·托伊伯一起创作拼贴画或挂毯。苏菲·托伊伯是瑞士重要的艺术家，不仅影响着艾尔普，更是他创作灵感的源泉。艾尔普曾写道："她那简洁的作品和清新的生活为我指出了正确的道路——通往艺术之路"。两人共同追求超凡脱俗的无人格之物，避免留下过于个性化的痕迹，并声明"我们的创作方向犹如指路明灯，意图指出去往空间、深邃、无穷之路"。

1916至1917年间，艾尔普创作了一些撕裂的拼贴画。作品样式是一片片模糊不清的矩形彩色纸块，散布在纸板上，这种样式源于他的一次意外之举。一次，艾尔普把一幅令他不快的画撕得粉碎，并随手撒在地上。这样的行为十分符合作为达达主义代表人之一的艾尔普，因为达达主义者的行动准则就是破坏一切，他们宣称："艺术伤口应像炮弹一样，将人打死之后，还得焚尸、销魂灭迹才好，人类不应该在地球上留下任何痕迹。"不满意就去"破坏"，而艾尔普这一次随性的"破坏"却让他在落下的碎片排列中看到了问题的解决方法。达达主义画家马塞尔·杜尚在这之前也干过这样的事情，他于1911年创作的《叶伏尼和马德兰撕成碎片》就是通过把两个妹妹的肖像画撕碎，之后以不同的视角和尺度重新组合而来的。

艾尔普虽然把各要素在某种程度上作偶然机遇的位置安排，但是，一件艺术作品从构思到完成，关键在于艺术家的动机，也就是说，在艾尔普的作品中，最重要的因素是机遇的选择。达达主义者对一切事物都采取虚无主义的态度，他们常用帕斯卡尔的一句话来表白自己："我甚至不愿知道在我以前还有别的人。"查拉在回顾达达主义运动时曾说："目的在于设法证明这各种情况下，诗歌是一种活的力量，文字无非是诗歌的偶然的、丝毫不是非此不可的寄托；无非是诗歌这种自然性事物的表达方式，由于找不到合适的形容词，我们只好叫它为达达。"

艾尔普相信偶然，如巧合的冲突、口误、笔误、画中败笔、有缘人的偶遇等，正是在诸如此类偶然的瞬间，才使得普通的东西变得异乎寻常。随着年龄的增长，艾尔普开始把繁杂的形体简单化，以表示细胞与天体的运动变化。艾尔普还有一个怪癖，他一旦发现其早期作品在收藏中有丝毫损坏，就会马上把它们撕碎，再重新将它们制作成拼贴画。他认为这是浴火重生的象征，只有旧的事物毁灭了，新的事物才能重现。

在拼贴画和浮雕中，最令人感兴趣的是那些命题为"根据机遇法则安排的物体"的作品。艾尔普于1916至1917年间创作的彩纸拼贴画《根据机遇法则安排的方块》便属于此类命题。在这幅作品上，艾尔普将十块暗色的方块纸片贴在浅色的衬纸上，六块小的，四块大的，它们被不规则地安排在画面之中，相互之间却有着巧妙的联系，产生了一种节奏的韵律。1930年创作的浮雕《根据机遇法则安排的物体，或肚脐》是他把五个大小不同的椭圆形，随机地排列在一起，似乎是在强调浮雕因素的偶然位置，并有一种神秘的假定形式，这就是艾尔普形式新颖别致的艺术风格。

1916年，艾尔普开始从事着色木雕创作，并把奇异和幻想的因素置于艺术当中，着色木雕《鱼缸里的鸟》就是这样的一件作品。艾尔普把根本不牵连的物象，以违反人们视觉常规的形象结合在一起，展现出一种新的内涵。鱼缸里一般装鱼，几乎没有人会装无法在水中呼吸的动物，如鸟、猴子等，而艾尔普却一反常态，将天上的和水里的调了一个个儿，想法奇特且具创造性。一反常态的另一个典型的例子是艾尔普在1947年至1960年创作的一件青铜质雕塑《碗状的树》。这件高1米的作品表现的是用三个碗状堆积起的树，三个碗向一个方向倾斜着。作为"底座"的那个"节"较上面两个"节"粗壮些，三者联系起来是一种"强弱强"的节奏，展现了自然界奇妙的韵律美。在保持着重复的同时，又产生植物向上生长、充满生命力的感觉。艾尔普将生活中的常见的"碗"的形态与拥有生命力的"树"相结合，是一种大胆的创想。而他创作的出发点却非常单纯，或许这就是"偶然"的巧妙之处。

艾尔普喜欢乌托邦式的幻想，他创作的意象能使人联想起岩石、树叶、嫩枝、小鸟。实际上他并没有刻画这些东西，而是暗示自然的变幻，如生根发芽、开花结果、衰败腐朽。而随着岁月的流逝，他对椭圆形越来越感兴趣，并把它说成是肚脐，即生命自身的象征。

1927至1928年，艾尔普在斯特拉斯堡与他人合作装修了劳比咖啡馆的十个房间。他绘制的壁画《浮起的肚脐和两个头部》和《肚脐·太阳》是他的有机抽象画中最宽广、最自由、最简单的实例，这些壁画是有机或生物形态类型的抽象作品。他所喜欢运用的主题是肚脐和蘑菇状的头，有时加上戏剧性的小胡子和圆点眼睛。《浮起的肚脐和两个头部》采用极其简单的三个平面，饰以水平的和扇形的彩带，并有两个暗示蘑菇形的色块横在中心的彩带上。《肚脐·太阳》是一个松散的白色圆环，中间有一个暗色的核心，背景是暗色矩形，上面有一个波纹形的条带，与圆环相呼应，形成一个有韵律感的画面。

20世纪30年代前后，艾尔普成熟的个人风格形成了。他开始从粘贴画、浮雕转向寓意性强烈的圆雕，追求线条的明确和原始纯真的形状，给人以生长的有机体的感觉。他追求一种如日常呼吸一般自然而然的创作，以求达到有机形体的完美，同时还具有自然形式的简练。艾尔普的艺术营造出的是一种单纯而有张力的氛围，并带有一种幽默感的优美而单纯的形式。他的作品放在机械统治的现代社会，能让人感受到难得的宁静与舒畅。艾尔普于1930年创作了青铜雕塑《地神像》，像高50厘米，简单的曲面和体块构成了这件作品的全部，它好像刚刚从

椭圆形结构上的人体凝固

地里钻出来，张开大嘴，兴妖作怪。

艾尔普在一生的创作生涯中完成了许多抽象概括的圆雕作品。这些作品大都集中地塑造了人体的某一部分特征，艾尔普将这些人体部分荒诞地构成在一起，成为一件抽象的寓意性雕塑作品。艾尔普企图用这种奇特的艺术表现手法引导观者看到一个奥妙的梦幻世界，以启发观者无限遐想。艾尔普创作的青铜雕塑《椭圆形结构上的人体凝固》高74厘米，在椭圆形结构上，好像横放着的一个女性躯体，可以明显地看出臀部、腰部、胸部及肩部，突出强调了女性的乳房以及美丽的臀部曲线，这件雕塑作品的曲线极富美感。

艾尔普在1936年所创作的石灰石雕塑《蕾的花环》是一件具有双重寓意性的圆雕作品。花蕾既是春天的标志，又是少女的象征，该作品就有这两种深邃的含义。它是由新生的花蕾组成的环形构图，实际上花蕾就是少女乳房造型，艾尔普用花蕾暗喻青春和生命活力。

尽管艾尔普疯狂地憧憬着超脱凡尘的境界，但这不代表他忘记了"人"的存在。现代社会的糟糕境况使他沮丧，他曾不安地说"人类坐在一桶汽油上绕着地球嗖嗖地越跑越快，但他很快又回到自己的出发点，寸步难移"。艾尔普也有绝望的时候，他哀叹"人类在孤独

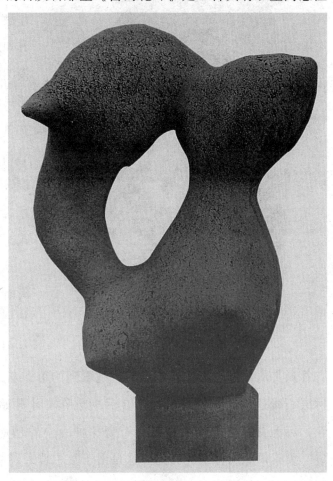

蕾的花环

三头怪兽

中坐着便壶漂浮在冥河上"，但是在他直观艺术中所表现出来的嘲弄却充满柔情。

摩尔和贾科梅蒂促成了第二次世界大战后雕塑艺术的高潮，他们自己也多少受到战争的影响。尽管这一风波对艾尔普也造成了一些影响，但他本身并没有被新的形势所改变。艾尔普的作品在风格上是孤立的，却激励其他雕塑家更加自由地想象，去发明看似"自然"而非自然存在形式的艺术。在简略与平滑上，艾尔普的雕塑可与布朗库西的作品相媲美，但是这种比较会引起误解，因为艾尔普不是一位雕刻家，他并不是面对体块内的形式，而是力求将形式解脱出来。

美国抽象主义女雕塑家赫普沃斯曾在20世纪30年代初访问过艾尔普的工作室，结果那次访问令她对艾尔普甚感失望。她没有看到艾尔普像她那样直接雕刻，她看到的每样东西都是石膏做的，赫普沃斯讨厌石膏这种冷漠的材料。她在后期创作中才开始欣赏艾尔普的形式的原创性，因为艾尔普的作品并没有石膏那种冷漠的感觉，反而拥有一种独有的温暖，柔柔得如同母亲的怀抱。这是由于艾尔普采用的技术与19世纪的学院派雕塑家相同，他先用石膏做出雕塑模型，然后用石头或金属在一种机械化的程式中来复制模型。也正是这种原因，使他的雕塑造型总给人一种柔软的印象，其作品就算是用铸铜或大理石的形式来创作，也不会抹去这种温柔。

1943年，艾尔普的妻子托伊伯不幸去世，妻子的离去带给他极大的打击，此后他的作品开始给人一种较浓重的精神压抑感。艾尔普于1947年创作的青铜雕塑《三头怪兽》中就可以明显感到这种抑郁。在古希腊神话故事中，三头怪兽是一个会喷火的妖怪，名叫喀迈拉，为堤丰和厄喀德那所生。它同刻耳柏洛斯（地狱三头犬）一样有三个头，不同的是他的三个头分别是狮子头、山羊头和巨蟒头。喀迈拉性格暴戾，一生气就会去毁坏农田或是残害牲畜，是邪恶的代表。吕基亚王国因受到它的威胁，派出柏勒洛丰去诛杀这个怪物。柏勒洛丰用雅典娜的金鞍驯服了双翼马，并飞跃到喀迈拉的头顶将它射杀。

艾尔普在一个类似圆柱体的底座上制作了这个三头怪兽的幻想形象。它既不是狮子的造型，也不是山羊和巨蟒的样子，而是一个概括的象征性形象。艾尔普塑造的喀迈拉没有给人十分凶悍的感觉，反而是一种十分"静"的状态，似乎这个性情乖张的喀迈拉已经被柏勒洛丰杀死，正处于一种濒死的状态，所以才会给人如此清冷、压抑的感觉。以往艾尔普作品中那种轻快、温馨的感觉已不复存在，取而代之的是青铜那种冰冷的本色，不由得让人产生一种对死亡的敬畏之情。

晚年的艾尔普不再沉溺于丧妻的悲痛之中，而

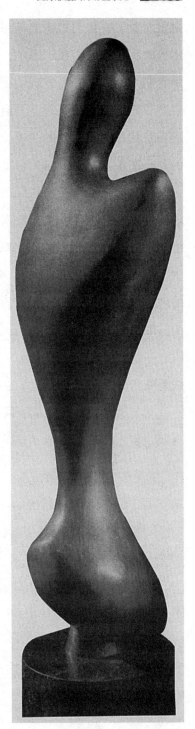

鸟翼

是将对妻子托伊伯思念之情深深地埋在心底，专心探究两人共同爱好的艺术。艾尔普晚年喜欢漫步在田园中，用心体会大自然的神奇。1961年，艾尔普有幸观赏到希腊基克拉迪群岛发现的公元前10世纪前的大理石雕像作品，他将这件作品同自然界的鸟联系在一起，开启了创作《鸟翼》的思路。这件作品像是一件有光泽的抽象装饰品，灵动的曲线让人感觉眼前出现的就是一只活生生的鸟儿，拍打着的翅膀准备把观者引向一个奥秘的神话世界。

艾尔普在他那浮想联翩的作品中很少有噩梦撞入，尽管如此，他后期作品也还是带有较浓重的精神压抑感。1943年，妻子托伊伯的猝死使他极为沮丧，艾尔普把她视为自己的偶像，永远铭刻在记忆中。艾尔普的雕塑作品，神奇的魅力越来越少，传统的东西则越来越多。艾尔普早期作品的感人之处恰恰就是某些人对他恼火的地方，即孩子气似的随意作画。他的作品几乎称不上艺术，甚至太过粗陋，他认为精雕细刻会使作品丧失生命力。他的作品结构是如此松散，以至于他早期的作品没有一幅是值钱的。然而他的艺术就像猴子一样轻松敏捷、逍遥自在。一根弯曲的线条就仿佛是一副蝶形领结、一缕胡须、一丝微笑或是一只小鸟。

尽管艾尔普一直在从事雕塑艺术，但是他依旧摆脱不了他诗人的气质，正是这股气质才让他在雕塑界显得那样与众不同。

亨利·摩尔（1898—1986）
在空洞中探求生命奥秘

> 对我而言，一件作品首先必须具有其自身的生动性，应该具备内在的能量，有它自身强烈的生命力。
>
> ——亨利·摩尔

在20世纪雕塑史上，如果没有亨利·摩尔，不知道这个年代的艺术将要晦暗多少。但幸运的是他并没有像杜桑·维隆和波丘尼那样被战争夺去生命，在第二次世界大战时期他又毅然决然地选择跻身于战争的洪流之中，创作出了让人敬畏的防空洞组画。他为摆脱前人辉煌的雕塑艺术成就另辟蹊径，创造出了仅属于自己的艺术风格。他相信，源远流长的原始艺术是创作的灵魂。在历史的长河中他不断探究雕塑艺术的奥秘，追求人文主义精神，在人与自然中找寻统一的价值。这个沉默执拗的人终其一生，只为谱写一曲人类与自然生生不息的颂歌。

1898年7月30日，亨利·摩尔生于英格兰北部一个产煤的小镇卡斯特列德。1924年，摩尔从伦敦皇家艺术学院毕业，随后他又去了意大利，游历了几乎所有的意大利古城镇，不断吸收、学习多纳太罗、米开朗琪罗、罗丹等大师们的艺术学养。跨时代的摩尔还经历了两场战争，使得其思维在苦难的洗礼下愈发灵动，同化了对他产生影响的所有要素，并开拓出了一种属于自身的创作风格——摩尔雕塑风格。1924至1925年间，摩尔仿照前哥伦布时期的印第安雕塑风格创作了《母与子》；1926年受墨西哥玛雅文化的影响，摩尔又创作了《斜倚的人像》。这两个作品也成了摩尔艺术创作的基本命题，其作品有一种能与自然相融合的节奏，使得原始和现代精神表达形态高度统一。他的艺术成就被人们给予了极高评价。1986年8月31日著名雕塑家摩尔去世，享年88岁。

　　艺术家往往被大众认为是一些特殊的群体，如达·芬奇，他痴迷于对女性的刻画，他无法掩饰自己对母亲的深爱。而米开朗琪罗则是在家族荣誉和低卑的身世间徘徊，进而衍生出对权力、力量的一种极度渴求。摩尔和米开朗琪罗儿时生活的境遇有些相似，摩尔在很小的时候便立志成为一名雕塑家，在看过米开朗琪罗的作品后更坚定了自己的信念。

　　摩尔一生经历了两次世界大战，刚满18岁就应征参与了第一次世界大战。摩尔在战争中受到了毒气弹的袭击，康复后他作为体育教练直到战争结束，战争并没有对其心理造成阴影。后来他提到："对我来说，战争是在试图成为英雄的浪漫想象中糊涂地度过的。"在第二次世界大战中摩尔成了一名战地艺术家，成就了防空洞素描等著名作品。那些年战争的恐惧让人们如蝼蚁般生活在防空洞中，伦敦人民默默承受着德国鬼子制造的一切恐惧与伤痛，他们蜷缩着、斜倚着，用这种坚持去无声地与法西斯抗争，静穆而神圣的场景被摩尔用心摹写着。那么多斜倚着、扭曲着的避难者与摩尔斜倚的人体这些主题的作品产生了共鸣。火车隧道的空洞也让摩尔感觉这些空洞和自己的作品有着惊人的相似。

　　空洞在摩尔的作品中大致经历了三个阶段的发展：早期空洞在雕塑作品中处于附属地位，洞口较小且较规则，对空洞表现还不够全面深入。空洞对于摩尔来说仿佛是一种指引，引导他去探索隐含在空洞中的神秘。在20世纪四五十年代，这些空洞有扩大的趋势，不再规则化，呈现出丰富的变化和奇妙的意象，但还没有完全凸显其价值，虚与实之间的关系也还未达到互融互生的圆满境地。这一时期的代表作有《国王与王后》《卧像》等。20世纪60年代后，摩尔将空洞无限的灵动性和生机完全呈现出来，空洞被夸张化，最后分解成整个形体，出现了多段式和几套件的作品，段与段之间的距离仿佛具有生命力，在空间上使作品更具动态的张力，完成了虚与实之间的跨越。

　　空洞不仅是摩尔创作的源泉，还给予其作品以蓬勃的生机。摩尔的心中一直存在着一个空洞，他所创作出的作品正是他内心空洞的写照。摩尔在自传中曾提起儿时的一件事，这件事同他对空洞的运用有着间接性的影响。摩尔的父亲非常喜欢做苹果派，经常会让摩尔到潮湿、黑暗的地窖里去拿苹果。年幼的摩尔非常怕黑，总会侧着身子走下楼梯，使他的一只眼睛能够看得到入口的光亮。后来，每当他做雕塑凿刻到深处的时候，就总想找到一个出口，能够敞亮自己的心灵，也能够敞亮观者的心灵。黎明前的黑暗总是最漫长、最让人难以忍耐，在凿刻作品中的空洞时，他总是忍耐着心中的忐忑，这让摩尔更渴望亲近自然，在自然万物中感受空洞中透射的温柔光辉。

亨利·摩尔早期的艺术创作源于不同国家、不同地域，他深受玛雅艺术、欧洲中世纪艺术以及非洲艺术等的影响。摩尔一直热衷于直接雕刻法，这根植于他对非洲艺术的学习与借鉴。西方雕塑的古典技法一般为浇铸，但摩尔却更善于用材料进行直接凿刻，就如非洲典型雕塑艺术表现的那样。材料的直接雕刻需要艺术家在创作的过程中不断摸索，追求创作的新鲜灵感以及材料最后的形式效果。摩尔认为艺术家的职责就是将"这种形式的偶然性去除，提示出精神在无偏见的情况下会逐渐形成的形式"。雕塑是材质本体的内蕴，借助艺术家的巧妙创作从外在形式上深刻表现其内在意义。

1924至1925年间，摩尔创作了作品《母与子》。这件雕塑作品没有精细的外形，人物表现粗犷而沉稳，简洁有力的线条塑造出了母亲如高山般的厚重感，挺实的乳房彰显了母亲的青春和健康。母亲并非如以往雕塑中的形象一般，轻柔地环拥着孩子，而是以厚重的臂膀将孩子托在身上，成为孩子坚实的依靠。摩尔赋予了母亲更高的称赞，让母亲

母与子

的形象高大化，摹写了生命最厚重的时期。这也是他对人文主义和传统文化的一种坚持。摩尔曾说过："我并不认为我们将会脱离以往所有雕塑的基本立足点，那就是人。就我而言，我需要的是组成人像的因素……从这个意义上说，我的作品是具象的。"

摩尔是个多产的雕塑家，他一生中绝大部分作品为人像。他对人类情感的感激和铭记以及对人性的信心最初源于其对国家、民族和亲人的深厚感情。摩尔的母亲生了八个孩子，摩尔排行第七。虽然家庭成员众多，但大家相处得十分和睦。尤其是他和母亲之间。据摩尔回忆：他的母亲患有风湿症，当他懂事后就经常用母亲自己配制的油膏帮她揉擦，以缓解风湿症的痛苦。这种油膏的刺激性很强烈，揉擦的过程中经常使他眼泪直流。油腻的膏体与母亲温热的肉体相融合，那种巧妙的触感至今让摩尔难以忘怀。他母亲的身材很是高大，对于一个稚嫩孩子来说，母亲的背部简直是一块柔软的草地，骨骼与皮肉间微妙的结合，给幼时的摩尔带来一种难以言喻的特殊体验。之后他认识到这种体验就是某种特定的雕塑感，尤其是人体所连带的某种体验。摩尔对这种体验很是痴迷，因此《母与子》的雕塑形象以各种姿态反复出现在摩尔的作品中。

摩尔为圣马大教堂创作的《圣母子》雕像，是对其"母与子"雕像系列中神圣母爱的一种升华。自创作第一个《母与子》雕像起，直到他的晚年，这类主题的作品数不胜数，如《圣母与圣子》《家庭群体》《母与子卧像》等。1925年摩尔在拜谒意大利期间，由于他非常仰慕拜占庭以及文艺复兴时期的圣母和圣子形象，就参看了诺汉普顿圣马修教堂中大型荷顿石雕刻的最后定稿，并将这种古典风格植入到他的作品中。他将玛利亚置于矮凳之上，双膝有意微微抬起，用大腿圈护着孩子，脸部微微倾斜，双肩自然低垂，表现出优雅而亲和的气质，衣纹的褶皱也进行了精细的刻写。

摩尔雕塑的主要题材便是女人体，通常是斜躺着的，有时是站立或静坐，偶尔环抱着婴儿。雕塑的关注点一般不在于头部的摹写，他往往将头部特征减弱至与身体其他部分相同。人物仅仅被作为一个原型，没有时间和地点之论，也没有一些特殊的暗示，只是作为一个人的整体来唤起人类对现实的敬畏之心，这种形象表现俨然是受到了墨西哥古代印第安人石刻雕像的影响。

摩尔早期的作品没有被公众认同，尽管雕塑家爱泼斯坦在整个20世纪30年代一直纵声疾呼，热心地向大众介绍摩尔的作品，然而效果却不尽人意，反而成了被谴责的对象。摩尔的作品在当时被形容为"原始主义和野蛮主义的爱泼斯坦程式"。

舆论一直对摩尔的作品进行抨击，直至第二次世界大战爆发。二战期间摩尔成为了一名战地艺术家，他创作出了世界著名的防空洞组画，这让世人看到了亨利·摩尔艺术创作的才能，并得到了公众的认同。摩尔可以说是继丘吉尔之后对英国影响深远的第二人。摩尔是幸运的，在他有生之年其作品就得到了众人的赏识与认同。

摩尔在一战被卷入了伤亡惨重的康布雷战役。他所在的军团有400人，但康布雷战役后仅幸存52人，摩尔本人也中了毒气，被遣送回英国休养。在二战中成为战地艺术家的摩尔亲眼看到了战争的恐怖，尽管如此，他本人却表现得很淡定，声称没有在战争过后留下后遗症。奇怪的是，在1950年，摩尔创作了一组刺猬式的雕塑：被剥了皮的人躺在地上痛苦地扭动着，他为这组作品起名为《倒下的战士们》。其中较为成熟的是摩尔1957年创作完成的《倒下的战士》，这是摩尔作品中为数不多的以男性为题材的雕塑作品。以厚重冰冷的铜为原材料，带有战争中武器特有的金属感。战士以怪异的姿势定格下来，仿佛随时会因为痛苦而不断地翻滚、挣扎，粗糙的皮肤呈现出了战争的残酷，将受众带入死亡的恐惧之中。弱化头部以及面目特征，以人的形体去表现对战争的恐惧以及对生命的渴望，在黑暗中摩尔总会留一丝光亮给众人希望。

战争过去多年后摩尔却忽然提起战争，难道摩尔内心深处其实是恐惧战争的？《倒下的战士》似乎就是在叙述当年摩尔看到的事实，战争在他记忆中留下了不可磨灭的伤痛。出于绝望，摩尔再也不愿时光倒回到两次世界大战的记忆之中，他希望把战争的时间雕刻下来，静止为一尊雕塑，从而让战争的伤痛从记忆的洋流中倾泻而出。为什么摩尔要掩饰自己对战争的恐惧？或者说摩尔是虚伪的？是的，这个热爱自然，热爱母亲的人在伪装自己的内心，掩饰自己

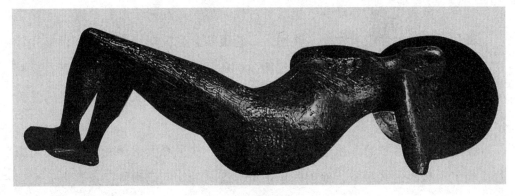

倒下的战士

灵魂燃烧的熊熊火焰。

从1935年开始，摩尔便有意识地将自然风景与雕塑个体作为一个整体来构思，开始了对环境雕塑的探索。他不仅考虑到雕塑造型与山坡、田野、湖景、建筑物等环境之间的协调感，天空大地也被其作为作品的大布景来看，他认为天空实为最无懈可击的雕塑背景。正如摩尔所说的那样："我对风景极为感兴趣，无论是田园的风光还是云彩的形状。我发现所有的自然形态都是我永无止境的兴趣源泉，如树干，每个树枝从树干中生长出来寻找自己的空间，又如小草的质地和种类，贝壳、卵石的形状等等。"摩尔的很多作品都安置在户外，甚至在创作的时候他也热衷于在自然的环境下进行，结合最原始的艺术源流，回归到生命的起点，用饱满且富有内在张力的形式语言，表现出生命的价值。

放置在大自然中的《斜倚的人体》与附近的山峦沟壑有着外形上的相似，雕塑本身也有着大山般沉稳巍峨的气势，就像是风景中的一部分，洋溢着大自然川流不息的生命气息。为了强调雕塑与自然的关系，摩尔的人体创作通常采用两件式或三件式，从腿部断开，将腿与躯干分为两部分，每部分看起来都像山峦或峻石；有时候就只做出头和腿，为躯干的部分留出空间，任观者遐想。

《国王与王后》创作于1952年，这件铜质的雕塑矗立在苏格兰的一片荒野之中，勾画出庄严肃穆、正襟危坐的国王和王后巨大的身姿。国王和王后的肢体被有意识地拉长，两人并肩坐在一起，造型简单朴素，却有着丰富的内涵，在荒野中也透露着唯我独尊的高贵气质。国王头部塑造得很有个性，摩尔在海滩处偶然发现的有孔洞的鹅卵石是国王头部的"原稿"。这个奇怪的形状其实就是国王的王冠、胡须和面目的综合体，以形成一种原始皇族的威严氛围。阳光透过孔洞，国王和王后便显得更神采飞扬，荒草沙沙地摇曳着，如同在诉说一个古老的神

国王与王后

话，又似在谱写一首悠远的史诗。时光穿梭，唯有他们时刻在吟唱着庄严的千年之音。

　　摩尔把艺术创造的浪漫激情和特立独行的理性精神相互融合，以雕塑的方式解读艺术创作的过程，让观者自己去亲身体验艺术创作本身的复杂性；让雕塑实体、材质本身和精神空间之间错综复杂的关系得到了逻辑性的梳理；让现代造型艺术走向了更开阔的道路；让人的思想从人文环境回归到自然环境，摩尔将一生都奉献给了雕塑艺术。环境雕塑的成功实践，让新时代的雕塑艺术拥有了新的雕塑语言，这也给摩尔在现代雕塑史上带来了无上的荣耀。

　　摩尔的巅峰之作是1969至1970年间创作的《斜倚像》。关于"斜倚"这一系列雕像的创作源头要追溯到摩尔早期所接触的一些墨西哥、非洲等地的文化，"斜倚人体"可以溯源到与玛雅人密切联系的部族——托尔蒂克人，他们

斜倚像

所膜拜的雨神恰克莫尔像的造型十分独特。收藏在巴黎乔卡德罗博物馆的一尊
男神卧像的石膏铸形深深打动了摩尔，这尊石灰岩雕刻的雨神是一个仰卧于地
的男性人体：人体上身抬起，头部与身体向右微微偏斜，双手在胸前托着装有
祭品的石碗，摩尔开始日益沉溺于这尊具有强大生命力的雕塑作品。摩尔早期
的斜倚像，面目刻画还比较清晰，随着时间的推进，摩尔接触了更多的思想学
说，立体主义的出现更是摩尔艺术创作的一次促进。摩尔打开了对于虚空间的
探索，用空洞去塑造雕塑的空间体积，他的作品被进一步抽象化。20世纪70年
代所创作的青铜材质雕塑《斜倚像》就是一个很好的代表：人的面目特征已被
完全忽略，肢体被几何化、简单的曲线更流畅地概括出了生命的概念，躯体间
空洞的距离仿佛是人体生命与自然之间呼吸的交错与融合。摩尔雕塑风格那种
恒久、静谧的气氛被完全呈现出来。

　　摩尔一生虽有过不得志的时期，但他并没有放弃自己的艺术，而是在舆论
声中坚守自我。作为一名雕塑家，摩尔无法使自己的雕塑语言为大众所接受，

却最先在绘画上赢得了公众的认可，这使得其雕塑作品的成就也得以被公众接受。1942年，摩尔被选入了后来的大不列颠艺术委员会；1943年，摩尔在纽约的布克赫尔兹画廊举办了在国外的首次个人作品展；1945年还被授予了里兹大学荣誉博士的头衔，摩尔用自己的努力向全世界证明了自己。20世纪50年代后的摩尔几乎成了战后英国的标志。越来越多的雕塑订件使他不得不雇请5位助手来协助自己完成作品，而作品的规模也在不断扩大，要求展出摩尔雕塑作品的机构也是越来越多，摩尔已然成为当时一名炙手可热的明星雕塑家。

　　摩尔善于在大自然中寻找创作灵感。摩尔的人体雕像在作为一个整体的人的同时也是自然的一部分，抑或是大自然的化身。尤其是女性的躯体，有如自然的山川河流，带着大自然的新鲜气息。摩尔一生创作的雕塑都忠于材料本身，忠于倾听大自然，忠于爱人。他毕生都在研究、创作斜倚像和母子像这两个系列的作品，对于这两个主题的反复创作，亨利·摩尔回答说："因为在我的全部雕塑中我一直为几个相同的题材所吸引着，如《母与子》《斜倚的人体》《坐着的人》等作品。但并不意味着我为这几个题材着迷，只不过意味着我尚未对它们厌倦而已，如果能够再活一百年，我仍然能够从这几个题材中找到令我满意的东西。我永远不会对它生厌，我总能从人类的躯体中寻找到新的思想和观念，这是无穷无尽的。"或者可以说这两个主题的创作成就了一代伟大的雕塑家——亨利·摩尔。

亚历山大·考尔德（1898—1976）
动静皆宜的雕塑家

何不让这些带着红、黑、蓝的画，让不同摆动方式动起来？
——亚历山大·考尔德

在整个人类文明史上，20世纪是个飞跃性的革命时代。多元化的文化格局造就现代艺术运动的局面。乱世出英雄，正是这样的格局使现代雕塑艺术迅速崛起，全面挑战古典主义。这时诞生了一批杰出的雕塑大师，开始展示自己卓越的才华。亚历山大·考尔德就是这个时期艺术雕塑史上的伟大革新者，他所创造的"固定雕塑"和"活动雕塑"，不仅在西方现代雕塑史上起承前启后的作用，还对20世纪雕塑的发展做出了重要重大贡献。

亚历山大·考尔德是国际上拥有最高声誉的现代艺术家之一，又是抽象雕塑最具活力的开创者之一，更是20世纪雕塑最重要的革新者之一。考尔德的一生以其开创的"动态雕塑"和"静态雕塑"闻名于世。他的雕塑演绎了典型的美国式的热情幽默，充满进取乐观的精神。

1898年，考尔德出生于美国费城的雕塑世家，祖父亚历山大·米尔恩·考尔德和父亲亚历山大·斯特林·考尔德都为知名的雕塑家。由于家庭艺术氛围浓厚，所以童年时期考尔德的家就像一间艺术工作室，到处都是随手可得的手工材料。正是这些材料激发出考尔德非凡的艺术天分。考尔德5岁时，能随手把木块、铁丝扭曲切割成人形。当他8岁时，又会给姐姐的洋娃娃设计珠宝。考尔德在自传中提到："小时候的我，尽情地享用及利用一个小男孩的每一分

钟，非常爱玩具，在垃圾桶里寻宝，用所有的
材料诸如铁丝、木头为玩具扩编。"

　　尽管考尔德从小就沉浸在艺术的氛围中，
他最初的职业理想并非成为艺术家，而是成为
一名机械师。1919年他如愿以偿进入新泽西州
的一个理工学院学习机械工程学。这段求学经
历对他此后的雕塑创作产生很大的影响，他将
自然动力和机械动力引入到雕塑中，颠覆了雕
塑的传统概念。1922年，毕业后的考尔德去纽
约工作，在工作之余，他又开始接触艺术，并
进入纽约艺术学生联盟重新学习绘画。半工半
读的他，兼职为报社画插画，根据插图的不同
主题创作了许多有关马戏团的素描及速写。此
时他也在马戏团做一些手工制作的铁丝玩具，
并创作出一系列有关铁丝的萌芽时期作品，并
简单命名为《考尔德马戏团》。但他完全放弃
机械工程，真正从事于雕塑业是在1926年之
后。那年他在巴黎接触到法国现代派思想，开
始重新审视雕塑，在雕塑材料和形态上都做了
颠覆性的改变。考尔德运用机械工程的专业知
识，开始使用一些铁丝、木棍等生活中常见的
材料来创作雕塑。考尔德的"铁丝雕塑"被当
时艺术评论界认为是雕塑创作的全新媒材，他

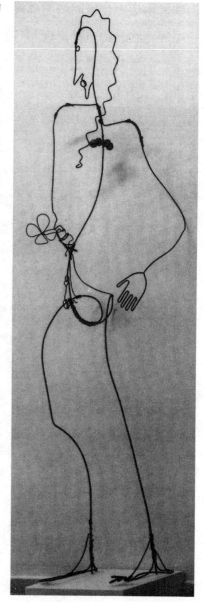

约瑟芬·贝克

通过儿童视角重新审视这个社会，用简单的铁丝来表达自己对这个社会及艺术
的认知，这一点具有突破性意义。

　　辞去马戏团的工作后，考尔德运用铁丝发展他的第一个雕塑系列《约瑟
芬·贝克》。它是以剪影式的空间表达手法和新造型主义的线条来表现的，即

由铁丝构成三度空间的轮廓线形成雕塑结构的主要骨架。1928年，考尔德的第一个展览在纽约威赫画廊举行，并以《游戈图》等抽象铁丝作品赢得大众的注意，这一系列的雕塑中，考尔德通过"吊挂"的方式展示出动态雕塑的雏形。他说："我开始爱上作品被高高悬挂着以及塑像的头微微前倾着的感觉。"

小试牛刀后，考尔德觉得需要扩张创作题材，于是目光重返传统木刻中，寻找与传统的相衔接。他认为雕塑家的工具材料必须具备单纯原生的特质。"不同于以往的铁丝作品，现在的作品变得更单纯，我从木材中，再次发现了铁丝作品形式的可能性……"这番思考后，他不再单纯只对外形相似感兴趣，更注意一些抽象的形态与不安稳的动态带给雕塑不一样的变化。考尔德曾在拜访非具象绘画家蒙德里安的工作室时，被蒙德里安几何抽象色块所吸引。"何不让这些有着红、黑、蓝的画，以不同摆动方式动起来？"他积极向蒙德里安提出议道，但这一建议遭到回绝。考尔德又在超现实主义画家米罗那里得到启发，其实与蒙德里安一丝不苟的风格相比，考尔德的跳跃思考形式与米罗作品中材料的多样性与创新性更为契合。考尔德结合这二人的优点画了许多抽象画，并将抽象经验转化到雕塑创作之中，在弧线、球体、密度等的范畴下发展他的抽象雕塑。

考尔德这种思想上的"摆荡"让他产生了对"活动"雕塑的思考。《红花瓣》就是他创作的"活动"雕塑之一，这是他为古根汉姆博物馆设计的。这件作品在展览里如同一朵朵睡莲在空中飘浮，佛教中的莲花有清静、自在、光明、无染、解脱等意义，周围的喧嚣与这朵莲花的安静形成鲜明的对比，在二十多米高的展示大厅中，这朵用铝板与钢丝制作的莲花显示出一份独特柔和的活力。莲花从采光顶棚悬挂而下，金黄色的阳光从天窗泻出，照映在莲花上，微风吹拂着精细的钢丝，铝片也随之在空气中飘动，如风铃般发出微弱清脆的声音。铝板叶片上被涂上鲜艳的红色，虽不是单一的颜色，但是却有着优雅的均衡，在整个展示大厅中显示出非凡的生命力。这种依赖气流产生动感的雕塑，被同时期的纽约著名达达主义画家杜尚称为"活动雕塑"。这种活动装置性雕塑形状是暂时性的，因为钢丝牵动着铝片的活动，相互位置关系就会发生变化。考尔德的这种"活动雕塑"，置于生命与物质之间，如精灵般灵动。

考尔德活动雕塑的作品形成有一个循序渐进的过程，由小到大，由被动变主动，由不成熟趋向成熟。第一个作品是由《羽毛》开始，它由细铁丝系在一起，受欣赏者的外力作用后会微微摇摆，一根根一米左右的铁丝随着线性结构的延伸摆动，让观者得到想象空间上的扩散。较后期的作品《红与黄的风信旗》，考尔德更加明确了追求目标，他要让他的作品动起来，赋予雕塑独立的灵魂，而不是假借观者之手，

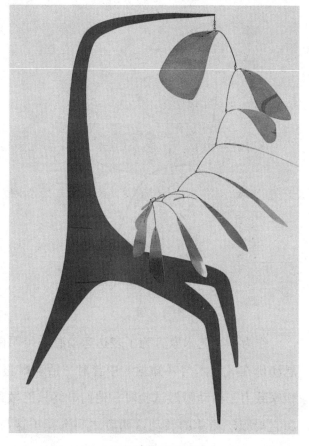

红与黄的风信旗

他希望让作品的"动"看起来更加真实自然，于是就有了《红与黄的风信旗》的诞生。它是模仿航船上的测风构件而来的；而《红花瓣》的试验，他将静态雕塑以基座形式融入了"自发运动"的理念。《红花瓣》的主干结构失去了抛物线的形态，它由大片的叶片式金属支撑并不意味着作品的轻盈感荡然无存，相反由于"动"的主题需要，大叶片结构比曲线金属杆更适应作品的表达，同时红色又稳压叶片曲线的浮动感，并不会让人感到太过于"轻飘"。为显现出枝叶的大小结构不一，作品上部结构显示出一种不对称的自然结构。到了《南十字》，考尔德"活动雕塑"已经进入了成熟的时期，延续了"动态"与"静态"结合，整体上采用稳定的拉丁十字结构。关于《南十字》的设计，考尔德自己曾表示"由于拉丁十字架那坚固而稳定的对称性，就使得其中那条蹩脚的

游戈图

曲线显得异常有害。由于十字架中的平衡性已达到了如此鲜明的程度，以致它完全可以把那些侵扰性的成分排斥出去。在这样的情况下，不平衡只能给整体的统一造成局部的干扰。"但是考尔德没有停止对"动"的思考，他觉得稳定的主干就如同一个被限定的有限主体，更易于让挂在两侧薄薄的金属片和细铁杆的线性结构富有无限的能动性和延伸性。

作为一个艺术家，为了表达运动感必须明白"运动"在哪里。心理学家阿恩海姆在《艺术与视知觉》中曾对"活动雕塑"批评道："当代某些现代派雕塑家致力于活动雕塑试验时，他们最终只能做到在控制它的运动，将它的运动和它局限于简单的转动这两者之间选择（这与他们精心设计出的形象很难一致）。他们或许能使这种'活动装置'的关节自由地活动，从而表演出一种滑稽和偶然的式样，但这种式样只能使观众感到愉快，却不能使他们对它的万花筒般的千变万化表示赞赏。"按照阿恩海姆的这种说法，这些"某些现代派雕塑"就包括有考尔德以及他所支持的"活动"艺术。考尔德不愿意艺术受到诸如重力等自然规则的限制，想要摆脱雕塑语言表达的局限性。其中考尔德的活动雕塑中"运动"所产生的"滑稽和偶然的式样"正是它的魅力所在，观众不仅会得到短暂的"愉快"，又会在"偶然"中找到无法预知的"形变"。《游戈图》就是他最初"活动雕塑"的体现。

考尔德不仅是"活动雕塑"的创始者，"固定雕塑"这个名词也是专属于考尔德的。他将大型彩色曲面板做成雕塑，这类作品是将特定形状的尖锐钢板穿插在一起，构成变化多端的透视，在增加钢板支撑面的基础上丰富雕塑的投影和空间效果，他的好友阿尔普将这种雕塑形式称作为"固定雕塑"。这些体态巨大且抽象化的雕塑犹如隐藏在城市钢铁水泥中的远古怪物，尖锐的棱角具有某种具象的暗示，成为现代城市的图腾。

1953到1976年间，是考尔德创作公共艺术的时期。户外的大型静态雕塑成为他的主要兴趣点，同时他也为特定地点设计动态雕塑作品。一时间他的作品大受欢迎，世界各地的公共空间都可以找寻到他的影子。他除了在欧洲创作公共艺术作品外，他的触角也伸向澳洲、南美洲、印度、墨本哥、以色列和北美的城市。如位于美国洛杉机安全太平洋广场的《四个拱》、加洲大学伯克利分校美术馆的《自由之鹰》、密歇根范登堡中心考尔德广场的《高速》、纽约林肯中心广场的《拱廊》以及芝加哥联邦中心的《火烈鸟》。

1974年考尔德为芝加哥联邦中心广场创作的《火烈鸟》标志着他的"静态雕塑"创作达到巅峰。这只鸟高约16米，整体上形似一架弯下吊臂的起重机模样，全都由钢板铆接而成，雕塑通体呈红色。这件作品没有传统意义上的底座，直接放置在大地上，显得更为亲近自然。巨大块面相互穿插、交错，中间有一个较大的跨度，人们可以从下面自由穿行。由巨大的钢板组成的雕塑，在整体轮廓上隐约显出鸟类的视觉特征，通体呈现鲜艳的红色，带给人视觉上极大的振奋。这座雕塑完全以弧线和斜线来展现形体，且在整个造型中没有一条水平线和垂直线，其空灵而又庞大的形体与周围以直线立柱形的现代建筑形成鲜明的对比，但是它的线性造型又从另一方面同建筑的直线感产生某种内在的联系，所以在建筑群中它并不显得突兀。

20世纪60年代后期，工业不断发展，摩天大楼开始如雨后春笋般迅速拔地而起，并无休止地以玻璃幕墙做装饰。这种环境下，当考尔德的静态雕塑以剪影方式出现在国际范儿的摩天大楼之间时，立刻在冰冷的城市中增添了别样的趣味。《火烈鸟》这一抹惊艳的红色为这座冰冷的工业城市开启出一条红色的地平线，它成为现代雕塑与现代建筑相结合的完美范例。至此之后考尔德为许多广场及建筑物所制造的作品都广受欢迎，他的雕塑艺术风格以及现代雕塑思想已被深深地融入到西方文化大众层面之中，在全世界范围内流行。

火烈鸟

　　考尔德的构成雕塑之所以能够取得巨大成功主要在于他自身的勤奋，此外还有诸多客观因素：美国经济发达、财力雄厚、地域广阔、艺术思想自由宽松等等。这种环境下考尔德吸取了西方现代艺术家的智慧，结合美国的现实状况，将艺术试验搬至空间更广阔的户外，使这些激进的学术试验和争论得以为公众服务。考尔德的作品有着浓厚的构成主义风格，体现出一定程度的超现实主义特征，但并不能据此将他归入超现实和构成主义的流派，因他独特雕塑的风格，让他在众多流派中独树一帜。考尔德的艺术象征着二战后美国迅速发展的壮丽景象，向全世界宣告了新一代美国艺术家的壮志雄心。

纵观考尔德的创作历程，最初他通过发动机驱动来制造活动雕塑作品。而后放弃机械的驱动装置，创造出依靠空气流动与自然风力推动的"活动雕塑"。1934年，他转向以大型机械操作为动力的雕塑作品，对材料、重量、平衡的结构关系发出挑战。1937到1952年间，他在表现技巧、题材的探索上更为成熟，15年间大规模地创作了300余件作品。1952年考尔德以美国代表的身份参加威尼斯双年展，一举拿下雕塑大奖，确立了他在国际艺术界的地位。观其一生，考尔德总能凭借他的作品给世人不一样的欢笑与惊喜，从儿时的玩具制作、绘画习作、活动雕塑、马戏团舞台设计、珠宝设计到晚期的大型户外公共雕塑，无不展示着他非凡的才华。

考尔德是一位多产的艺术家，他的一生辛勤创作了数以千计的雕塑作品，改变过去室外大型雕塑以写实纪念性为主题的状态，他把大规模的雕塑艺术展览走向室外与公众进行开放式的交流，让艺术品从神圣的高度走出来与大众接触，增加了艺术品审美的范围，明确了现代雕塑艺术的意义。

当我们在歌颂直立而起的传统稳固雕塑的不朽时，考尔德的"活动雕塑"与"静态雕塑"为我们揭示了另外一个不朽的传奇。

阿尔贝托·贾科梅蒂（1901—1966）
孤独的前行

> 大多数雕塑家都被风格的问题所囿，看不到事物的基础。而对于我来说，只有一切细节都被遗忘的时候，才能产生雕塑。
>
> ——阿尔贝托·贾科梅蒂

艺术家注定是孤独的。孤独是一杯美酒，只有自己的陈酿才能品味出其中的味道。人们习惯于所默认的，对于反叛之人，轻则嗤之以鼻，重则被判断精神有问题。著名的艺术大师梵·高是这样一个不幸者，同样不幸的，还有雕塑家贾科梅蒂。

阿尔贝托·贾科梅蒂于1901年10月10日在瑞士斯坦帕出生，他的一生饱受孤独的折磨，直到66岁时在一家医院孑然离去。贾科梅蒂是艺术方面的全才，在素描、油画、诗歌等领域都有所建树，而他成就最大的就属雕塑了。贾科梅蒂的父亲是位印象主义的画家，受父亲影响，他从9岁开始学习素描，12岁练习色彩。后来他父亲因工作原因去了意大利，他跟随父亲在意大利生活了一段时间，这段时间他被意大利拜占庭艺术所吸引。1922年贾科梅蒂移居巴黎，从师于布德尔学习了三年，在此期间他开始参加一些巴黎超现实主义以及未来主义的艺术活动，并在巴黎博物馆大量写生古埃及雕塑和中世纪肖像作品。

贾科梅蒂的艺术创作生涯主要分成两个阶段。早期的贾科梅蒂侧重于事物内在的幻象与灵感，用难以捉摸的象征符号去刻画人物内心的恐惧。他的一生特立独行，并没真正加入过什么团体，甚至被巴黎超现实主义团体排除在外。矛盾的是，超现实主义派仍将贾科梅蒂的《勺形女人》《悬浮球》《早晨四点的大厦》等雕塑视为超现实主义的经典之作。

1926至1928年间，贾科梅蒂完成的一系列作品，为他赢得了作为一个前卫派雕塑家的声誉。然而早在学生时代就困扰他的矛盾——创造真实形象的愿望和对抽象雕塑形式的偏爱发展到了高峰。在此之后贾科梅蒂的发展方向是对透视空间构成的探索。

这一时期贾科梅蒂创作了《勺形女人》。《勺形女人》制作于1926年，它的原型显然是汲取了非洲雕塑中的结构元素，体现了非洲自然主义理念。这件作品的内在隐喻是勺形器具的凹陷部分与女性下身类似，他通过使用这种隐喻将"勺子像女人"还是"女人像勺子"的概念互换。他表示："不知道这些根据记忆造型的作品是自己在观察中发现的那些东西；还是只表达了感觉它们的方式，或藏于肺腑而力求表现出来的某种形式感。"于是紧接着有了作品《情侣》的诞生，这座雕像首先表现两个人物的性别特征，在他们之间，有某种特定个性化的关系，将二人人神共形化。情侣之间细微的动作以及男性单独的大眼都具有黑色幽默的意味。此后他致力于实验立体主义的结构方式，并试图与超现实主义的变形结合，徘徊于具象与抽象之间。

1931年贾科梅蒂创作了作品《悬浮球》，此作品问世后在超现实主义界引起激烈的争论。在对贾科梅蒂的研究史料中大多忽略了性心理对他的影响，他贬低抽象艺术，并没有把艺术视为特别重要的事物，而是认为现实中的才是最真实的。他曾经直言不讳说："我对艺术抱有兴趣，但我对现实更感兴趣。"更有评论道："每一个看出这件作品作用的人都能体验到一种与无意识相关的强烈而又莫名的性欲情感。这种情感根本不是满足，而是受挫，就像因失败而带来的焦虑不安那样。"这种不安的躁动，如同男人看到裸女却无法碰触一般，所以《悬浮球》所表现的几乎是欲望的空耗。《悬浮球》还带有隐含的虐待象征，如图所示带有凹槽的球体部分可滑过它的楔状伙伴，这个动作不单指爱抚，也有切割之意。原因是贾科梅蒂喜爱看一些暴力血腥的屠杀文章，这些

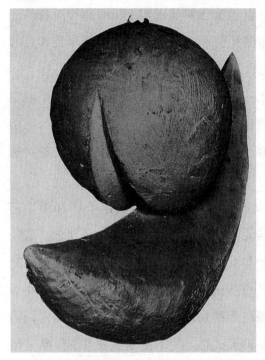

悬浮球

无疑都被吸纳到他虐待的思想之中。与此同类他还创作有《女子和她的断喉》，是一个青铜构成的肢解的女尸，令人毛骨悚然，与同时期毕加索所做的《坐着的浴者》的意味极为相像。

贾科梅蒂的一些与女性有关的作品，其大多灵感来源于他的妻子。他与妻子是在第二次世界大战的战场上结识的，妻子是位身材很好的职业模特儿，刚开始时他还不愿意结婚，只是贾科梅蒂的母亲认为他必须要成家立业，才促成两人的婚姻。他开玩笑地说："我结婚，这个女人既可以当我的终生模特儿，又可以做妻子，是一举两得的美事。"但在贾科梅蒂的年老时期，他又疯狂爱上一名巴黎名妓卡洛琳，年轻的卡洛琳对此并不以为然，但是当局者迷，贾科梅蒂却着魔般迷恋她。为她作画时，仿佛屋子内的所有陈杂都消失了，只有一个女人出现在屋子中央。对这段恋情让贾科梅蒂的妻子愤怒不已，因为这个妓女取代了她在贾科梅蒂心中"缪斯"的地位。但是贾科梅蒂不曾想他对卡洛琳的一片痴心并没有得到回应，曾有记者在卡洛琳68岁时问她在贾科梅蒂的雕塑艺术中扮演了什么角色，她爽快答道："我不是艺术家，也不是什么艺术史家。就是一个活的石膏像，让他可以发挥想象。不过老是坐在那儿，挺费力的。"

在20世纪20年代的大部分时间里，虽然贾科梅蒂与超现实主义者一起共事，但是到了1934年，他断然抛弃了他们私下的指导方法，转而热衷于重新研究真人模特，贾科梅蒂专心致志地进行一种尝试，即尝试寻找适当的形式，以表现他对人类形态在空间中的敏锐感知。贾科梅蒂的雕刻人物造型日益变得

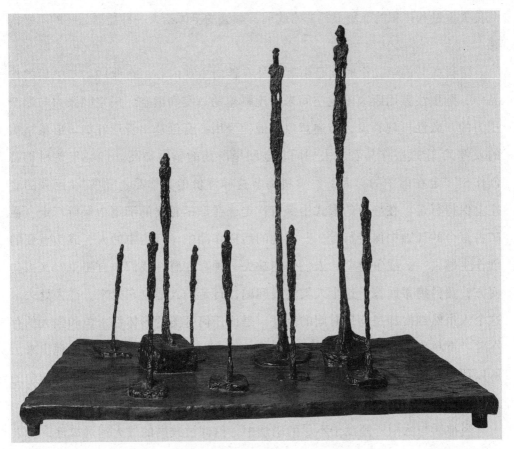

林中空地

虚弱和瘦长。这位艺术家频繁地连续工作，用石膏不断地塑造人物形象，直到它们碎裂为止，所以，这些实际上用青铜重铸的雕塑，仅仅是他的部分作品而已。多人组合的群雕，如《林中空地》，似乎都在表达一种存在着痛苦的特殊的感受。作品中的人物，由于亲近而结合，但又被包围着他们的虚无永久的分隔，他们是现代都市里生存表现方式的有力代表。

从1935年起，贾科梅蒂不再局限于对内心深处的关注，他开始有意识地回归到大千世界里，从"整个生活不断寻找真实感"。于是贾科梅蒂又将视角重新回归到写实的道路，重新研究人物、头像、静物素描等基本功。他还是一如既往地像从前那样比照模特制作雕塑，但造型上发生了巨变，雕塑中人物造型急剧干瘪萎缩，躯体变得又长又细。贾科梅蒂甚至将雕塑高度缩小到火柴棍般大小，因此丧失重量和体积的雕塑显得非常脆弱，颤巍的身体给人一种摇摇欲坠的不平衡感。

贾科梅蒂的第二个时期是由客观外在转向主观内心。在他1947年之后的作品中，则更注重用距离限定空间来表现雕塑的真实和虚空，用空间张力与雕塑压力的一致性再现心灵，传递意象。他偏爱用石膏创造出身形纤细、形象枯槁的人像，让这些作品看上去如同在空间里游荡的精神幽灵。1948年贾科梅蒂创作出《走在雨中的男人》，贾科梅蒂这样评价他其作品："他们在巨大的底座上保持行走，在静止的形式中保持行走，在形销骨立的干瘪中保持行走，在旷古亘今的孤独中保持行走。"在他的后期作品中《行走中的人》成为重要的创作主题之一。战争时期，人们普遍缺失一种存在感。我们来自哪里？又去向何方？贾科梅蒂回答了这个人类终极问题，行走的人是自来处来，往去处去。这个人虽然细瘦却是衡量时间的刻度，是比任何健美的形体都永恒和强大的存在着。贾科梅蒂删除了所有肉感与修饰，将人本身的欲望最大化地体现出来。所以那些形似枯槁的人形并不是在逃离，而是在追逐。观者仿佛就是雕塑中的人，面对着未知的虚空如坐针毡。

当神话与法则皆湮没于不尽的硝烟中，信仰被残酷的战火远远放逐，男人踽踽独行于断壁残垣中，远远地寻找回家的方向。二战结束后，"寻找曾经的家园"是贾科梅蒂晚期作品的时代主题，也是贾科梅蒂所作的"火柴棍"人形雕塑们的基本原貌。他的那些面目模糊、肌理坑洼、纤细变形的作品，被解读为对战后脆弱、孤独、无助、焦虑的生命样态的整体再现。贾科梅蒂的好友萨特主张存在主义，他认为贾科梅蒂后期的雕塑"是一种成长于废墟的尊严，处于处境的坚韧，来自未来的积极在人物枯槁如鬼魅的脸上渐次绽放"。有一位法国摄影师曾在1961年在巴黎拍下一张关于贾科梅蒂的照片，命名为《走在雨中的男人》。身形并不高大的贾科梅蒂，缩着脖子弯着腰，并用风衣遮住了大半个脑袋，蹚着雨水缓缓走过空无一人的街道。形单影只的贾科梅蒂好像迷失了前进的方向，蒙蒙细雨里他只是低头继续赶路，这是他真实生活中的写照，从照片中我们可以发现，贾科梅蒂的外貌有个很大的特点：面部肌肉一直处于紧张的状态，面颊、嘴角上有许多深深的皱纹，他深邃的目光总是看着自己，审视着自己的内心世界。

关于《行走中的人》几乎抽象的人物形象，贾科梅蒂表示："复制一个栩栩如生的形象对我后来已不再是个难题，关键是要能创造有生命力的形象，制作曾感动过我，或是我真正需要的东西。"所以《行走中的人》以大迈步的动态，行走于风云激掣的气流中，残破的躯干带着无比巨大的力量，但走的每一步都是坚实的。这个"人"没有表情，仿佛遭受到严酷的刑罚一般，但

行走中的人

这些都无法阻挡这个躯体去跨开大步，成为一个单纯的人字形。这样一件充满生命力的作品，在2010年英国伦敦苏富比拍卖会上以1.043亿美元成交打破世界纪录，成为目前世界拍卖价格最贵的现代雕塑艺术品。

"真实仿佛躲在一层薄幕的后面。你揭去了一层，却又有一层，一层又一层，真实永远隐藏在一层薄幕的后面。然而我似乎每天都更接近一步。就为这个缘故，我行动起来，不停息地，似乎最后我终能把握到生命的核心。"贾科梅蒂给我们展示了生命的核心，人的精神，并将它存放于现实人类肖像中。《行走中的人》的人物形象并没有性别、个性、欲望和年龄等外在差别，它直观你的内心，让你感受到一种贫乏和虚无。贾科梅蒂主张存在主义，所以在世人眼中，他的人物雕塑已成为存在主义的象征和物化符号。然而在艺术世界

三胸像

中，贾科梅蒂依旧孤独地前行着。

存在主义是"以人为中心、尊重人的个性和自由，认为人是在无意义的宇宙中生活，人的存在本身也没有意义，但人可以在存在的基础上自我造就，活得精彩"。每个当代人需要清楚地认识到在我们的时代特质，于是就有了"活在当下"的口号。我们作为社会不可分割的一员，都有着承前启后的作用。康定斯基在《艺术中的精神》中这样说道："凡是内在需要的发源于心灵的，就是美的。"在任何一个时代都应主张自己独立的个性，这种方法反而会以情感方式得到人们的关注。贾科梅蒂就以这种个性直接或间接去影响艺术的发展，他作品中阐释"一种超自然的孤独"的存在感。如《三胸像》中，贾科梅蒂对同一形象进行了三次表现。由大到小的排列着，每一次缩小是对这形象心灵的更深层次的刻画。

1950年，贾科梅蒂的《流浪狗》习作引起人们的注意。这只狗同《行走中的人》的结构一样又长又细，干瘪的皮肤包裹在骨头上，头部向下低垂给人一种疲惫感。这件作品中，他从狗的身上看到了自己，他说："那就是我。有一天我在街上看见了我自己，活像那条狗，我就是狗"。日常生活中都认为流浪狗是可怜、卑微的动物，被主人丢弃只能露宿街头。贾科梅蒂能从这条狗的身上看到自己的影子，我们也可以大致猜出他的晚年生活是怎样的。贾科梅蒂这种自卑心态可能与他的生理和心理状态有一定的关系。首先，他生理上有一定的缺陷，让他不可能成为父亲，这也就部分解释了他异常复杂的心理状态的原因。其次是心理上的因素，他并不爱惜自己，他的一生都过着清苦单调的生活，有自虐倾向的他不断刻意折磨自己的身心，有时他故意让自己患病，还尝试了几次自杀。这种病态的自我折磨心理让他对人生不抱什么希望。

贾科梅蒂晚年对雕塑的理念更加随性洒脱。有个作品叫《不玩了》，它描绘的是一盘象棋比赛。这盘比赛并不是人与人之间的，而是世间万物的。在光滑的大理石板基座上刻有棋盘的纹路，棋盘上带有精确几何形状的星球火山口，两面相对的人物遥遥相望，并有一个矩形的活动门可从中间打开。这样意义模糊不清的作品是他的自我告白：宇宙世界的格局如同是一盘早已操控好的棋盘，而人们如何能逃出这迷局，活出另一个自己？

1966年1月11日，贾科梅蒂在故乡瑞士的一家医院里告别了人世。他的艺术人生像是一部英雄史诗，充满了探索和追求，他锲而不舍地研究有限的主题——人物和头像，终于以独特的形式处理以表达出他对人类的看法，反映了20世纪人们的软弱、孤独、冷漠和恐惧。人们即使不理解他艺术的深邃内涵，也会为他那奇特的变形和精湛的艺术表现力而感动。

杜安·汉森（1925—1996）
最普通的真实

> 假如艺术不能反映生活，那就不是艺术，就不会长久。
>
> ——杜安·汉森

当后现代主义艺术大肆宣告传统艺术形式已经死亡的时候，杜安·汉森让民众看到了具象艺术和写实手法不可替代的表现力。情感与观念虽然是密不可分的，但侧重点可以不同，观念是被强调过的带有目的性的坐标，而情感却能打动心灵。杜尚曾说："观念比通过观念制造出来的东西要有意思得多。"艺术的多元化趋势促使雕塑家们去尝试、发现更多种类的材料和形式，使自己的艺术理念能够更加自由地表达。

1925年，杜安·汉森出生于美国明尼苏达州的亚历山大利亚城。他在21岁时开始进行美术创作，后又毕业于克兰布罗克美术学院。20世纪50年代初，汉森曾到纽约，但作品未能得到认可，他于1953年远赴联邦德国，主要从事设计装饰雕塑，从20世纪50年代以后才开始接触金属、泥塑等传统雕塑材料。1953年，汉森在西德任教，其间艺术家乔治·格里哥给他介绍了一些新的雕塑材料——聚酯和玻璃纤维。这些材料色泽与人的皮肤极为相似，质地也很柔软，这让汉森萌生了用这种新材料进行人像塑造的想法。

在汉森所处的年代里，超写实主义正在美国迅速蔓延。超级写实主义又称为"照片写实主义"，其真实度可以与照片相媲美。超级写实主义是波普艺术发展到一定程度的产物，它不被主流艺术所认同，而民众和收藏者对这种艺术形式却大为追捧。超级写实主义艺术家创作塑像的材质最初是石蜡，这种创作手法的起源可以追溯到19世纪中后期，法国印象派艺术家埃德加·德加的《14岁的小舞女》就是运用这种方法进行创作的。

在1967年，汉森就已经开始制作等身大的塑像，这些塑像都是直接从人体上翻模，然后以翻制下来的各部分装配而成的。当人体装配好以后，为求逼真性，还要涂上与真人肌肤相同的颜色，穿上真实的衣服，配备真实的道具或附加必需之物。有时候为这些雕塑找来合适的衣服非常费力，一些体型肥胖、块头儿较大的雕塑要穿的衣服还要去街上买，并且不能够去廉价的商店。如果雕塑所饰演的是比较特殊的职业，如拳击手、清洁工等，还需要到专门的商店去为它们购买服装和道具。

服装除了带有修饰的作用，还可以显示人物的身份、地位，增强作品的表现力。汉森雕塑作品的原型都来自于生活在社会中下层的民众，如乞丐、清洁工、旅行者、家庭主妇等。汉森非常注重衣服上的细节部分。在作品《战争》中，为表现事发现场的惨烈状况，汉森在雕塑上涂染了很多血污，让观者有"身临其境"之感，不禁让人毛骨悚然。

在汉森的作品中，衣服、道具和人物被融为一体，他很早就认识到人物与环境之间对话的重要性，在这一点上就远胜于雕塑家凯恩霍兹、安德烈亚等人。雕像手中饮品的商标、大小、颜色都在汉森的考虑范围之内，甚至详细到在什么样的场合下喝什么牌子的饮品，这关系到"个人"的生活经历。在其早期作品中，渗透着他对暴力、对资本主义社会的厌恶情绪。在其作品到达成熟阶段后，他开始更关心一些无意义的工作、大规模物质文明造成的千篇一律的压抑感以及过度的纵欲。带着这种愤世疾俗的情绪，汉森以他早期的作品对美国的现实社会进行了无情的嘲讽。

汉森十分关注现实生活，他曾经在公共场合进行偷拍，但结果却并不令人满意。行动中的人物不便于他专注地思考和研究，从此他不再相信相机，开始亲自观察模特儿在日常中的行为举止。他将模特儿身上的独特"韵味"融入作品中，使得作品看上去十分自然。

展现写实观的雕塑与绘画不尽相同，绘画营造的如幻象般的场景最终预示着欺骗，而雕塑所模拟的对象大多来自于真实生活，具有现实性。画家帕尔哈西奥斯画的葡萄虽可以招引一群鸟来啄食，但他却被雕塑家宙克西斯的作品忽悠得晕头转向，竟然真的试图伸手去掀开雕出来的彩绘盖布。雕塑具有表现真实生活的特殊性，尤其是人物雕像，它以一种不可名状的方式与真实生命产生共鸣，这是绘画作品难以企及的。

1967年，汉森创作了他的第一个人像作品——《流产》，这是他对新雕塑材料结合超级写实主义的初次尝试。在制作这件作品的时候，他先将泥从死人身上翻制模子，然后再用玻璃纤维翻模。而人物的皮肤则以聚酯材料进行塑造。《流产》表现的是一个弱小的、已经死亡的妇人，她扭曲着的身体上只盖了一张床单。当时迈阿密的报纸上刊登了很多关于流产的论题，流产致使许多年轻的女孩随时徘徊在死亡的边缘，汉森认为这样的事情是非法的。他用艺术表达了自己心中对于流产事件的无奈与悲伤。但当地的一些评论家却不认为《流产》是艺术，并嘲讽他的行为和想法，汉森没有在意这些流言蜚语，而是更加努力地进行创作。为追求作品的逼真性，汉森开始尝试直接从活人身上翻制模子，并用油画颜料为其上色，就连皮肤上的血管也被描绘得很细致。汉森利用真人翻制雕塑在当时只是一种权宜之计，但在后来逐渐发展成为一种复杂精细的制作技巧。艺术家要考虑到由材料特性所产生的预料不到的情况，比如树脂产生的气泡。不仅如此，还要考虑到模特摆姿势的时间，时间太长，会让模特难以保持自然放松的精神状态，容易显得呆板、僵直。最终完成的雕塑同真人之间只是一种形式转换，而不是直接的拷贝。

汉森用真人翻制雕塑其实是较为费力的，会受到诸多限制。但从另一方面来说，这种方法有利于保证每个人物同角色的吻合度达到最高的标准。为保留作品形象的"原汁原味"，就算是被衣服遮住的部分，汉森也会认真对待。他已经超越了观众最为苛求的感知范围。他这样做仅是为了满足本人的强烈欲望，忠实于真实地反映人物角色的理想。

在纽约惠特尼博物馆的展览上，汉森的作品《女侍者丽达》被特意放置在餐厅中。很多人都误以为是真的服务人员，甚至有人上前搭话。汉森的作品可以说已经达到了以假乱真的境地，但他本人对于这种情况的出现却不大高兴。虽然他很努力让其创作的"幻象"达到与现实相混淆的效果，但他更希望人们把它们当作是艺术品。他不关心自己在雕塑技巧上的成就，他希望人们能够思考这些雕塑所蕴含的深意，而不是只当成娱乐性商品来看待。

汉森创作初期其实是偏向于恐怖现场一类题材的，如车祸、枪杀、暴力战争的现场等。后来他不再取用这类暴力题材，开始致力于普通人的生活形象，如推车打扫厕所的女黑人、疲惫的橄榄球队员、满身油漆污渍的粉刷工、从超市采购归来的家庭主妇等等这些看似平淡却十分真实的人物形象。

《卡瓦里街上无家可归的人》的原型是一些常在垃圾堆旁捡拾食物的街头乞丐。作品中的人物衣衫褴褛，呆滞地坐着或是趴着。服装的颜色整体为灰色调，透露出这些人对生活的绝望；三个乞丐摆放的位置组成了一个倒三角，显得极不稳定，仿佛预示着这些人的精神随时都有可能崩溃。而从他们的面目表情来看，他们似乎已经忘记了人类最基本的情绪，没有了灵魂，只是一个会乞讨的机器，让人徒增悲伤！在日常生活中，人与人之间的关系已经疏远到冷漠的程度，悲也好喜也好，无人关注，各行其是。当这些"无家可归的人"出现在展览上时，观众反而像发现了新大陆似的，叽叽喳喳议论不停，或者徒发几句悲伤愁闷的感慨。

失去生活欲望的人，他们懒散，放任自流，而那些真正为工作而奔波的基层人员又是怎样的呢？清洁工是一种很常见的职业，但这种职业往往受人冷眼。一些年轻人更是认为这种职业是卑微、低贱的。杜安·汉森就是注意到了这一点，才创作了清洁工这一题材的雕塑，为了凸显社会上存在的不良风气，汉森将清洁工定义为黑人，起了一个很常见的名字"昆尼"。昆尼的形象是一个拿着清扫工具，手推清扫车的胖黑女人，她的表情略微呆滞，真实的服饰和道具使雕塑显得生动形象，几乎可以以假乱真，给人以强烈的视觉冲击。《昆尼》映射了美国下层混沌、散漫的现实场景，体现了一个时代的冷漠。

生命中你总会忽略一些人，就算你不是一个个人主义者。马路上的路人甲

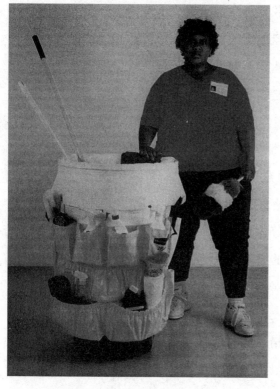

昆尼

你可能不会记得，或许他们没有崇高的理想，也没做过什么惊天动地的好事、坏事，但这些平庸之人却最能显露社会的真实面貌。汉森关注这类人，他以一种难得的率真创作了端盘子的女侍者、可悲的流浪汉……他从小人物的视角去引发世人对社会问题的关注。但他不是虚伪的批判者，讽刺资本主义世界的冷漠并非其本意，他只是最真诚的灵魂引渡人。

尽管汉森渴望更多的美国人可以得到真正的快乐，但在他创作的人物形象中，却没能看到自己期望的情景。在汉森的作品中，很少有表现真正幸福快乐的人物，他也不会刻意去再现某种激情或欲望。当你看他的作品时，你会从作品中品读到其中所隐含的故事，你会看到他眼中的世界。他呈现的是令人无法忽视的一种现实，是一种"真实的抒情性"。

汉森的作品在展出时经常会与画廊背景融为一体，他的雕塑往往会让人当成参观者而被忽略过去，如汉森在1970年创作的《旅游者》。为了迎合作品的主题，《旅游者》被随意地摆在了展品之间的走道上。这两件雕塑真实生动，不仔细观察还以为是真人，欺骗了很多参观者的眼睛，看展的人常常会怀疑自己身边站的究竟是真人还是雕塑。

《旅游者》塑造了一对典型的美国中老年夫妇的形象，以玻璃纤维和聚酯制成真人大小的雕塑，人物的皮肤质感十分细腻。丈夫穿着夸张的花衬衫与肥大的短裤，挎着相机和背包；妻子的身形似乎比丈夫还要壮实，但却穿着一条瘦腿裤，裹着黄色头巾，戴着浮夸的大项链。不知道这是当时美国的"流行"

趋势，还是人们平常太过装腔作势所引发的一种穿衣风格，总之在美国应该不占少数，不然在美术展中，这样"奇葩"的造型就算再随意摆放也会轻易让人注意到。这件作品反映了美国基层民众不注重自身形象，盲目消费以至逐渐走向庸俗化的一种社会现状。汉森为了突出两人思想上的蠢笨，还特地将男人塑造得比女人矮小，瘦小的身躯套着肥大的衣服。妻子高大强壮，但衣服却是紧身的，不协调的搭配更显得两人品味低俗。这对夫妇看

旅游者

似在眺望远处的"名胜古迹"，但眼神却出卖了自己，他们看起来很迷茫，可能根本就不理解"名胜古迹"中所蕴含的意义，只是附庸风雅而已。

在作品《佛罗里达州的顾客》中，汉森表现的也是一对夫妇，相对于《旅游者》来说，这件作品叙述的是生活中更为平常的人和事。作品展现了一对购物的夫妇相互赌气似的站在那里的情景。女人浓妆艳抹，穿着斜条纹短袖上衣和黑底素花的长裤，左手挎着手提包，右手拎着购物袋，体态臃肿、神气十足，看着像是个厉害的角色；而男人手里则拿着一个灰色小包，态度谦卑，完全没有男人应有的气势。在此类题材中，更典型的是1970年汉森创作的《超市购物者》。这是一个肥胖的中年妇女，有着女孩子们喜欢的小麦肤色，衣着很平常。但是她对自己的头发却很上心，出门时间也不忘用卷发棒去"美化"它们。为了掩饰满头的卷发棒，她聪明地选择用一个头巾来遮盖，但还是不能完全掩盖住自己的粗俗，反倒变成了一个滑稽的小丑。她的身材应该跟推车里面

超市购物者

满满的零食有着很大的关系。肥胖让她整个人显得极其不协调，尽管她想美化自己，但低俗的眼光与不良的嗜好却让她很难达到自己所期望的理想状态。雕像上的服装、配饰也都是实物，人物的睫毛、汗毛等细节部分也被精心构置在其中，如果这些雕塑会动会说的话，不知道是不是能够欺骗更多的人。

杜安·汉森的作品在欧美国家有着很大争议，一些人认为这些雕像就不是艺术，因为"太真实了，就没有给人留有想象的余地"。更像是工匠制造的人体。但也有人赞赏汉森的作品，不仅仅因为它逼真，还因为它能够揭露出人们内心深处的丑陋，给人当头一棒，时刻警醒着那些随波逐流的人。

汉森作品的心理趋向在不知不觉中已经变得不易识别，但他在感情深处仍然存留着同表现主义强有力的联系。他作品最突出的特征是美国化的，怀着一种对美国生活爱恨交加的情感。在汉森早期的作品中，无论这种讽刺有多么的婉转含蓄，但对于过激的暴力行为、资本主义和以消费为主导的社会的批判锋芒始终是尖锐的。这些早期的作品在同欧洲文化进行对抗时，正是从美国独特的活力中汲取营养的。汉森也继续以"美国生活"的清新气息滋润他的作品。但在其成熟时期的作品中，却流露出明显的矛盾心态，汉森面对当时美国的社会现状，无聊的工作、物质化的社会和无度的纵欲造成的沉闷气氛，以作品对其进行了顽强抗争，他强烈坚持的个性化创作风格不仅是出于挽救人性的愿望，同时也是对残酷现实的抨击。